쉽게 배우는 와인 입문서

wine
tasting & sommelier

소믈리에 & 어드바이저를 위한
와인 테이스팅

센톤 교재편찬위원회 지음

글로벌 향미분석 전문기관 No.1 | 센톤

센톤은 글로벌 No.1 향미분석 전문기관으로 전 세계 식음료 관련 회사의 개발 기준에 맞는 Aroma Standard를 제시하고 와인, 커피, 티 관련 국제 기준 센서리 교육 프로그램을 제공하고 있습니다.

2012 SCENTONE USA 설립 : LA, USA
2013 국제 표준 아로마키트 출시
2013 SCENTONE ASIA 설립 : SEOUL, KOREA
2017 SCENTONE CHINA 설립 : SHANGHAI, CHINA
2017~2020 와인 유관기관 센서리 프로그램 개발 및 자문
2018 GCS(글로벌커피스쿨) 센서리 교육 프로그램 개발
2019 SCA(유럽스페셜티커피협회) 센서리 프로그램 자문

[서문]

이 책은 포도나무의 재배와 와인 양조에 관한 전반적인 지식부터 체계화된 와인 테이스팅의 기본을 학습하는 국제 와인 소믈리에 & 테이스팅 설계서입니다.

유럽에서 시작된 와인을 전 세계의 사람들이 쉽게 배우고 입문할 수 있도록 객관적인 기준을 제시합니다. 전 세계 주요 와인의 생산지와 포도 품종 그리고 관련 등급 및 라벨에 대한 전반적인 지식을 습득할 수 있으며, 와인의 맛과 향의 기본적인 성질과 인지 방법에 대한 전반적인 원리를 보여주어 맛과 향을 정석으로 이해하고 체계적으로 테이스팅 훈련을 할 수 있도록 돕습니다.

와인 업종 종사자의 테이스팅 역량을 강화할 수 있을 뿐만 아니라 와인 초보자와 애호가 모두가 와인 테이스팅을 쉽게 접근할 수 있도록 기본 틀을 제공할 것입니다.

[차례]

서문

part 1
와인학개론

와인의 역사	10
와인의 생산	16
테루아	21
포도의 성장과 수확	22
와인 양조 과정	26
와인의 구성과 성분	33

part 2
와인의 분류

음료의 분류	38
와인의 분류	43

part 3
스파클링 와인

와인 양조 방법	48
스파클링 와인 양조 방법	51
스파클링 와인 : 샴페인	53
국가별 스파클링 와인	55
와인의 당도 구분	59

part 4
스위트 와인

스위트 와인의 종류	62

part 5
주정강화 와인

주정강화 와인	70
이탈리아 주정강화 와인	71
프랑스 주정강화 와인	72
스페인 주정강화 와인	73
포르투갈 주정강화 와인	76

part 6
와인 테이스팅

와인 테이스팅 준비하기	82
와인 테이스팅 순서	84
와인의 시각적 관찰	86
와인의 후각적 관찰	89
와인 아로마와 후각 트레이닝	92
와인의 미각적 관찰	111
와인과 음식의 푸드 페어링	116
와인과 어울리는 음식	118

part 7
품종별 와인

화이트 와인	126
레드 와인	137

부록
와인 용어 & 와인 세계 지도

	151

" 신은 물을 만들었지만
인간은 와인을 만들었다."

– 빅토르 위고

part 1

와인학개론

와인의 역사

🍷 메소포타미아 ▶ 이집트 ▶ 그리스 ▶ 로마

메소포타미아

기원전 3500년경 타르타르산(포도산)을 발견했다.

이집트

이집트인들은 관개 시설을 갖추고 포도 농사를 지어 와인을 생산했다.

그리스
그리스의 의학자 히포크라테스(의학의 아버지로 일컬어진다)는 와인이 건강에 좋다 하여 환자들에게 와인을 약으로 처방했다.

그리스 로마 신화
그리스 신화의 디오니소스(Dionysos)와 로마 신화의 바쿠스(Bacchus)는 술의 신으로 잘 알려져 있다.

> 술의 신 = 그리스 신화의 디오니소스(Dionysos)와 로마 신화의 바쿠스(Bacchus)

🍷 고대 시대

최초 포도 재배
B.C. 7000년 무렵 코카서스 지방에서 포도 씨앗과 타르타르산(Tartaric Acid)이 발견된 것을 토대로 최초로 포도를 재배한 것으로 보고 있다. 또한 고대 그리스 시대부터 와인을 식사에 곁들였으며, 이는 현재 서양 음식 문화의 기본이 되었다.

⌄

포도주의 위상
서양에서 포도주를 '신의 선물'로 여기면서 본격적으로 확산되기 시작했고, '최후의 만찬'이라는 그림에 포도주가 나오기도 한다. 이처럼 포도주에 신성한 의미가 부여되면서 유럽에서 포도주의 위상이 높아졌다.

⌄

포도주의 양적 팽창
로마의 군인들이 전쟁터에서 물을 마시고 탈이 생기자 이를 방지하기 위하여 포도주를 마시도록 했다. 포도주 없이 물만 마시는 것은 군대에서 처벌 대상이었을 만큼 포도주의 수요가 커졌다.

🍷 중세 시대

와인 발전의 중흥기
중세 시대는 와인 발전의 중흥기다. 중세 시대는 모든 영역에서 교황의 권력이 막강했는데 이런 교황의 권력을 더욱 강화하기 위해 음료 산업을 발전시켰고, 그 결과 수도원에서 와인을 생산하기 시작했다.

⌄

프랑스-영국 백년 전쟁의 도화선은 '와인'
백년 전쟁의 주요 도화선 중 하나가 와인이었으며 그 과정을 살펴보면 아래와 같다.
프랑스는 영국에 보르도 지역을 빼앗김 → 보르도 지역을 둘러싸고 프랑스와 영국의 백년 전쟁 시작 → 잔 다르크가 보르도 지역 탈환 → 백년 전쟁 이후 영국은 보르도산 와인 금단 현상 → 여러 나라를 돌아다니면서 와인을 찾고 재배 → 와인이 전 세계로 팽창되기 시작

⌄

유럽 음료 산업의 발전
유럽에서 물 대용으로 음료 산업이 발전하면서 서유럽과 남유럽에서 포도를 본격적으로 재배하기 시작했다. 독일은 포도가 잘 자라는 지역에서는 포도주를 만들고, 서늘한 지역에서는 곡물을 활용하여 맥주를 개발했다.

🍷 근대 시대

와인 흑사병, '필록세라(Phylloxera)' 진드기
필록세라는 포도나무 뿌리에 사는 미세한 진드기로 미국의 포도나무는 필록세라에 내성이 있었지만, 유럽의 포도나무는 내성이 없었기 때문에 19세기 유럽 전역의 포도나무는 황폐화되는 위기에 처한다. 이에 대한 해결책으로 유럽종 포도나무 가지와 미국종 포도나무 뿌리를 교배시켰다. 그 결과 유럽종 가지와 미국종 뿌리로 이루어진 나무가 현재 유럽의 대표적인 포도나무가 되었다. 이때부터 와인은 신대륙으로 진출하여 본격적으로 생산됐고, 와인의 품질은 수직 상승했다.

⌄

파리의 심판(Judgment of Paris) 1976년 5월 24일
파리의 심판은 프랑스 파리에서 열린 프랑스 와인과 캘리포니아 와인의 블라인드 시음회로 프랑스 와인 산업에 큰 충격을 가져다준 사건이다. 시음회 시작 전 모두가 프랑스 와인이 일방적으로 우세할 것이라 생각했다. 심사위원 11명 중 9명이 프랑스 심사관이라는 점도 한몫했다. 하지만 결과는 대반전이었다. 레드 와인과 화이트 와인 둘 다 캘리포니아가 1위를 차지한 것이다. 이를 보고 현장에 있었던 기자가 뉴욕타임스에 '파리의 심판'이라고 기재하면서 사람들에게 이 사건이 알려졌다.

🍷 구세계 와인과 신세계 와인

구세계 와인

구세계 와인은 포도 재배와 양조 기법에서 전통적인 방법을 중요하게 생각하는데 '테루아(Terroir)'라는 개념도 이곳에서 확립되었다. 테루아는 와인의 원료가 되는 포도를 생산하는 데 영향을 주는 토양, 기후 등의 환경 조건을 아우르는 말로 프랑스, 이탈리아, 독일 등에서 철저한 과학적 연구를 통해 확립되었다.

구세계에서는 지리적인 환경 조건과 양조 시설 등을 중요하게 생각하며 구세계 와인 국가로는 프랑스, 이탈리아, 스페인, 포르투갈, 독일, 오스트리아, 스위스, 헝가리, 루마니아 등이 있다.

신세계 와인

유럽의 탐험가들은 동방에 대한 동경으로 15~17세기에 걸쳐 신대륙을 찾아 항해했다. 이런 탐험가들에 의해 발견된 신대륙에서 신세계 와인이 시작됐다. 신대륙에 정착한 유럽 사람들은 종교적인 행사에 사용하기 위해 와인을 직접 생산했는데, 이때 본국에서 포도나무를 가져와 재배하기 시작한 것이 신세계 와인의 시초라고 할 수 있다.

신세계 와인 국가로는 미국, 캐나다, 칠레, 아르헨티나, 오스트레일리아, 뉴질랜드, 남아프리카 공화국 등이 있다.

신대륙 와인의 양조 기술

❶ 스테인리스 스틸 발효조 – 온도 조절이 가능하다.
❷ 신형 압착기 – 타닌의 양을 최소화하여 맛을 섬세하게 해준다.
❸ 오크칩 – 저렴한 가격에 오크 풍미가 풍부한 와인을 생산한다.
❹ 품종 표시 레이블 – 소비자들이 손쉽게 와인의 정보를 파악할 수 있다.
❺ 포도에 공급되는 수분의 양을 조절하는 센서를 사용한다.

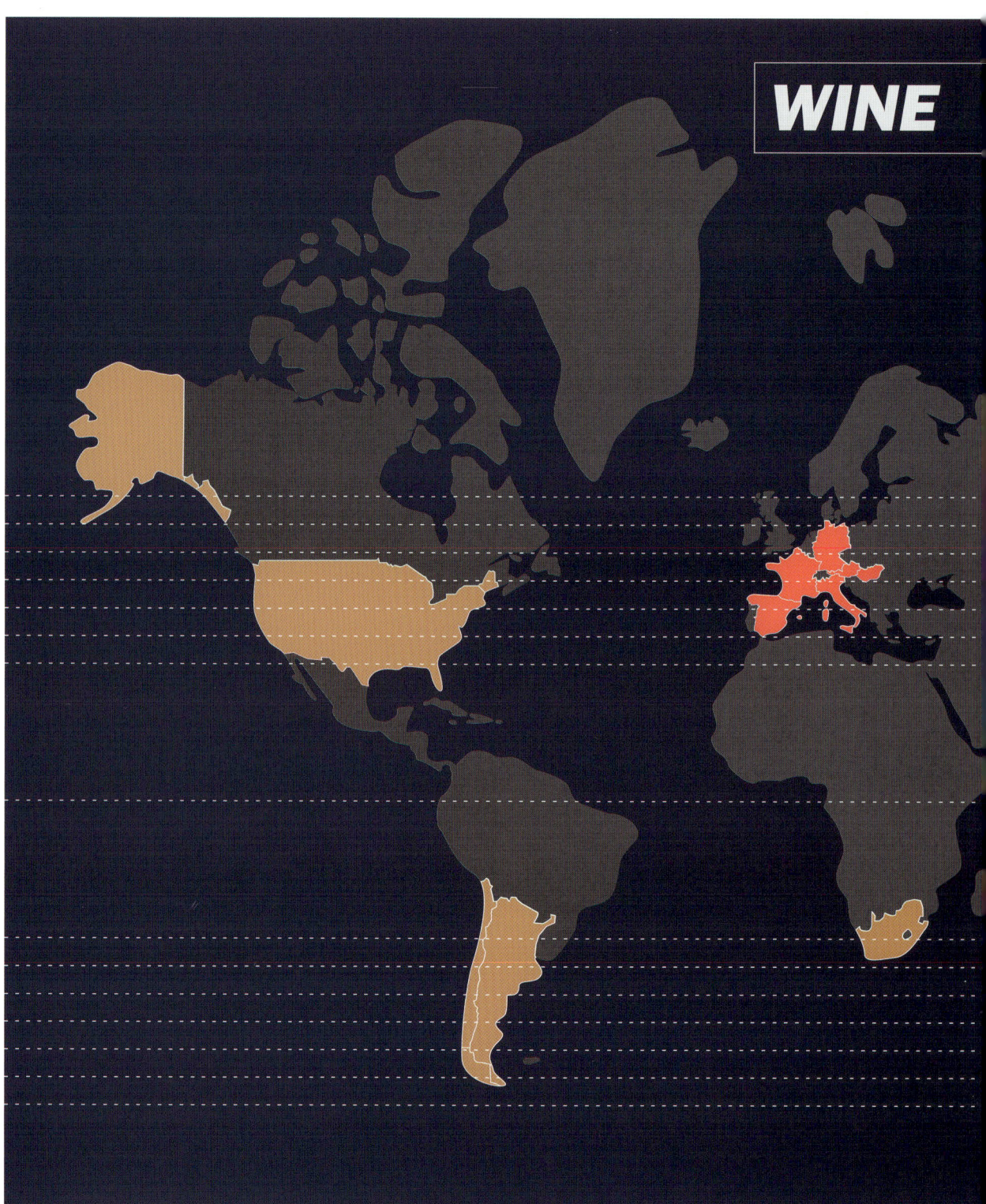

BELT

구대륙
프랑스
이탈리아
스페인
독일
헝가리
오스트리아

신대륙
미국
칠레
아르헨티나
오스트레일리아
뉴질랜드
남아프리카 공화국

와인의 생산

🍷 기후 및 환경 조건

기온
포도나무는 자체 면역력이 강한 나무 중 하나로, 영하 20℃에서 영상 40℃까지 견딜 수 있다. 그러나 와인을 만들기 위한 최적의 포도를 생산하는 데는 아래와 같은 조건이 지켜져야 한다.

- 연평균 기온 : 10℃ 이상(최적 14~15℃)
- 여름 평균 기온 : 최소 19℃ 이상
- 겨울 평균 기온 : -1℃ 이상
- 포도 생육기간 낮 온도 : 25~30℃ 유지
- 포도 수확 직전 월평균 기온 : 15~21℃

일조량
당분 함량이 높은 포도를 수확하기 위해 광합성 작용은 매우 중요하다.

- 연간 일조 시간 : 2000시간 내외
- 수확하기 직전 약 한 달간은 맑고 건조한 날씨가 이어져야 한다.

강수량
연평균 강수량은 500~800mm가 적당하다. 단, 850mm는 절대 넘지 않아야 한다. 비가 얼마나 많고 적게 내렸는지 강우의 총량이 중요한 것이 아니고, 비가 일 년 동안 어떻게 분배되어 내렸는지가 더욱 중요하다. 선선한 겨울과 봄에 많은 비가 내리고 여름에는 포도나무가 성장할 만큼의 비만 내리는 것이 이상적이다. 그 후로 건조한 8~9월이 지나고, 포도를 수확하기 며칠 전에 약간의 비가 내려 농약을 씻어준다면 더욱 완벽하다.

- 수확기에 높은 강수량 : 포도알이 커지면서 포도의 수확량은 많을 수 있지만, 포도의 맛이 묽어진다.
- 수확기에 낮은 강수량 : 포도의 향미는 풍부하나 수확량이 많지 않다.

경사

평지는 물론 언덕과 구릉 지대에서도 포도 재배가 가능하다. 좋은 와인 산지의 경우 대부분 경사지에 위치한다.
- 경사가 있으면 빗물의 배수가 잘되어 포도나무 뿌리에 물이 고이지 않는다.
- 햇빛이 잘 드는 남향, 남동향, 남서향의 비탈이 이상적이다.

테루아[Terroir]

와인의 맛을 결정짓는 모든 자연환경적 요소를 아우르는 단어로 토양, 기후, 위치, 경사, 포도밭의 방향 등을 통합적으로 말한다.

🍷 계절에 따른 조건

포도나무는 온도로 계절의 변화를 감지한다. 포도나무의 정상적인 성장을 위한 계절별 조건은 다음과 같다.

겨울

겨울은 일종의 휴지기이자 병충해를 예방할 수 있는 시기이다. 겨울의 추위는 포도나무를 튼튼하게 단련시킨다. 포도나무는 휴면 상태에서 −20℃까지 견딜 수 있는데(단, 일주일 이상 지속되지 않아야 한다), 추위를 견디면서 나무가 단단해지고 병충해를 유발하는 균과 벌레가 사멸한다. 추운 지역에서는 서리로부터 나무를 보호하기 위해 포도나무 주변의 땅을 갈아엎기도 한다. 또한 겨울에 가지치기를 하면 포도나무의 모양과 크기를 조절할 수 있고, 수확량을 일정하게 유지할 수 있다.

봄

공기가 순환되도록 다시 한번 포도나무 주변의 밭을 갈아 따뜻한 봄기운을 불어 넣어준다. 따뜻한 봄기운으로 나무의 생장을 활성화시키고, 병충해를 막기 위해 정기적으로 농약을 뿌려야 한다. 이때 봄의 날씨는 온화하고 서리가 내리지 않으며 적당한 비가 내려야 한다. 봄의 서리나 냉해는 포도나무에 치명적이다.

여름
병충해 예방이 중요하므로 농약을 뿌린다. 여름은 포도나무가 꽃을 피우는 가장 중요한 시기이므로, 일조량이 충분하고 비가 너무 많이 오지 않아야 한다.

가을
포도나무에 꽃이 피고 100일 정도가 지나면 포도를 수확할 수 있다. 가을은 포도나무가 성숙하는 아주 중요한 단계로 더욱더 비가 오면 안 된다.
- 북반구 지역에서는 보통 9월~11월에 포도를 수확한다.

기후에 따른 와인 맛의 변화
① 서늘한 기후 – 와인 산도가 강화된다.
② 따뜻한 기후 – 와인 아로마가 강화된다.

🍷 기후에 따른 와인 생산 지역

해양성 기후
기온의 일교차와 연교차가 적다. 여름은 짧고 따뜻하며 가을은 건조하고 일조량이 많다. 겨울은 길고 온화한 편이다. 포도나무가 자라기에 충분히 따뜻해 와인을 생산하기에 적합하다.
- 대표 지역 : 프랑스 보르도, 프랑스 루아르

지중해성 기후
여름은 기온이 높고 매우 건조하지만, 겨울은 온난하고 습도가 높다. 와인 생산에 적합한 기후 환경이지만, 포도의 당도가 너무 높아지거나 산도가 너무 적을 위험이 있다.
- 대표 지역 : 프랑스 론, 이탈리아, 캘리포니아, 칠레

대륙성 기후
기온의 일교차와 연교차가 크다. 여름은 기온이 매우 높고, 겨울은 기온이 매우 낮다. 봄 서리에 취약하며 비교적 늦게 싹트고 일찍 숙성되는 포도 품종이 잘 자란다.
- 대표 지역 : 프랑스 부르고뉴, 스페인 라만차

🍷 토양과 와인의 관계

자갈과 모래가 적당히 섞인 비옥한 진흙땅

구조가 단단하고 깊은 맛을 내는 와인과 라이트한 와인이 생산된다.

- 대표 지역 : 프랑스 쌩떼밀리옹, 프랑스 알자스

자갈이 많은 토양

가볍고 아로마가 풍부한 와인과 라이트한 와인이 생산된다.

- 대표 지역 : 보르도 그라브, 칠레 알파타

석회질 토양

부드럽게 조화를 이루는 와인과 타닌 성분이 풍부한 풀바디 와인이 생산된다.

- 대표 지역 : 프랑스 부르고뉴

진흙 토양

구조가 견고하며 좋은 색상의 와인이 생산된다. 비교적 알코올 도수와 타닌이 높다.

- 대표 지역 : 보르도의 뽀므롤 마을

점토질 토양

고품질의 구조가 단단한 와인이 생산되며 비교적 생산량이 적다.

이산화철을 함유한 붉은 토양

부케향이 풍성한 와인과 좋은 색상의 와인이 생산된다.

와인을 생산하기 좋은 땅

포도나무의 뿌리는 13m까지 뻗어 내려갈 수 있기 때문에 가뭄으로 죽지 않으며, 오히려 뿌리가 깊이 내려가면서 성장에 필요한 물과 미네랄 등을 얻을 수 있다는 이점이 있다. 척박한 땅일수록 천연 배수 효과가 좋으며, 배수가 안 되는 땅에서는 뿌리가 썩을 수 있다.

- 레드 와인이 잘 생산되는 땅 : 화강암(둥글둥글한 형태) 토양

  대표 지역 : 프랑스 보르도, 스페인 리오하

- 화이트 와인이 잘 생산되는 땅 : 석회암(뾰족뾰족한 형태) 토양

  대표 지역 : 프랑스 샹파뉴, 스페인 헤레즈

> 배수가 잘 되는 토양 순서 : 석회암 > 편암 > 점토

샹파뉴 지역 실제 토양 : 석회암

 # 테루아

테루아는 와인의 맛을 결정짓는 모든 자연환경적 요소를 뜻하며 평균 기온, 낮과 밤의 기온차, 여름과 겨울의 기온차, 햇빛, 강수량, 습도, 바람 등이 있다.

포도를 재배하기에 가장 좋은 기후는 여름에는 약간의 비만 내리고, 가을은 건조하며 다소 선선한 기후. 즉 겨울에 대부분의 강수량이 집중되고, 비교적 높은 기온에 바닷바람이 적절하게 부는 지중해가 포도 재배를 위한 천혜의 여건이라 할 수 있다.

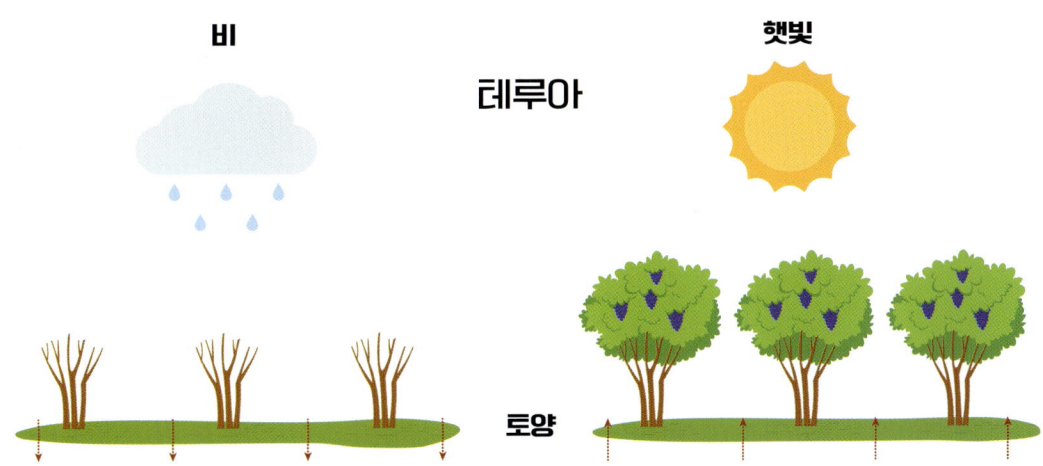

 포도의 성장과 수확

🍷 포도나무의 성장

개화 ▶ 포도알 ▶ 베레종(포도알의 성숙) ▶ 완숙

> 베레종(véraison) : 여름의 중반과 후반에 포도송이가 익어가며 색이 변하는 과정

베레종은 포도의 당도가 높아지고, 산도가 다듬어지는 시기로 이 기간이 넘으면 과숙 단계가 된다. 과숙 단계에서는 산도가 차츰 사라지며 결국 오래된 사과처럼 지나치게 익어버린다.

포도의 수확
포도의 당도와 산도가 이상적인 균형을 이루었을 때 수확을 시작하는데, 포도의 품종에 따라 또는 포도밭의 상태에 따라 수확 시기가 달라진다.
- 수확 시기를 결정할 때 고려 사항 : 페놀 숙성도, 당분 숙성도

포도 수확 방법
포도 수확은 사람이 직접 손으로 할 수도 있고, 기계를 이용하여 수확할 수도 있다.

1) 기계 수확
기계가 포도나무 사이를 지나가면서 밑동을 흔들고, 잘 익은 포도알들이 떨어지면 이를 담는다.
- 열매의 완숙 정도에 상관없이 모든 열매를 따게 된다.
- 열매 이외에 잎, 벌레, 오염 물질까지 섞일 수 있다.

2) 손으로 수확
사람들이 손으로 직접 수확하는 방법으로 스페인 도우루, 프랑스의 론 와인 산지처럼 경사진 지형에서는 손으로 포도를 수확하는 게 유일한 방법이다.
- 열매의 완숙 정도를 가려 수확하기 때문에 고품질의 와인을 생산할 수 있다.
- 열매가 으깨지지 않아 조기 산화를 예방할 수 있다.
- 시간이 오래 걸린다.
- 노동 강도가 세다.

"Acid enlivens the wine"

위의 말은 "산도가 포도주에 활기를 불어넣는다"라는 의미를 지니고 있다. 즉 산도는 와인의 생명력을 뜻한다고 할 수 있다.

포도의 성장

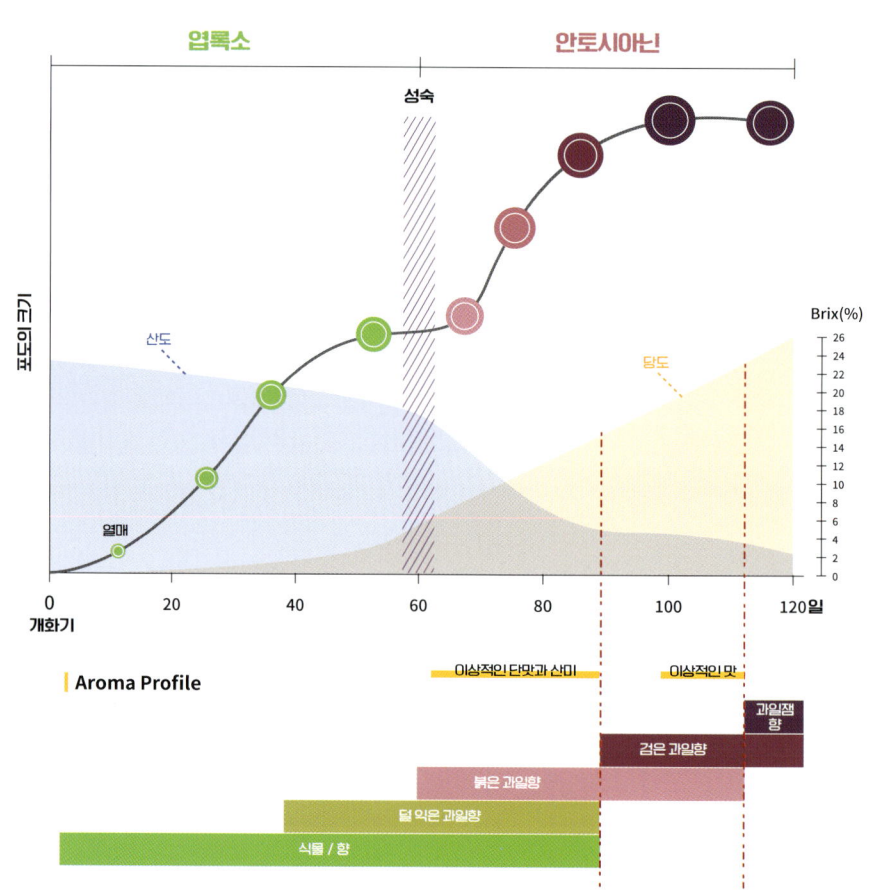

와인의 종류와 스타일에 적합한 숙성도를 결정하는 가장 일반적인 지표

1. 당도와 산도의 균형
2. 아로마 프로필
3. pH 레벨
4. 타닌의 성숙은 바디(떫은맛, 쓴맛, 쌉쌀함), 밸런스, 노화[매우 떫음 – 조금 떫음 – 균형 있음]에 영향을 미친다.

🍷 포도 품종의 원산지

	와인	원산지
레드 와인	카베르네 소비뇽(Cabernet sauvignon) 피노 누아(Pinot noir) 메를로(merlot) 시라(syrah) 말벡(malbec)	프랑스
	네비올로(nebbiolo) 산지오베제(sangiovese) 프리미티보(primitivo)	이탈리아
	템프라니요(tempranillo) 그르나슈/가르나차(garnacha)	스페인
	진판델(zinfandel)	미국
화이트 와인	샤도네이(chardonnay) 소비뇽 블랑(sauvignon blanc) 세미용(semillon) 슈냉 블랑(chenin blanc) 비오니에(viognier)	프랑스
	피노 그리(pinot gris)	프랑스 / 이탈리아
	소아베(soave) 뮈스카 블랑(muscat blanc)	이탈리아
	리슬링(riesling)	독일
	게뷔르츠트라미너(gewuürztraminer)	독일 / 프랑스

와인 양조 과정

🍷 레드 와인 양조 과정

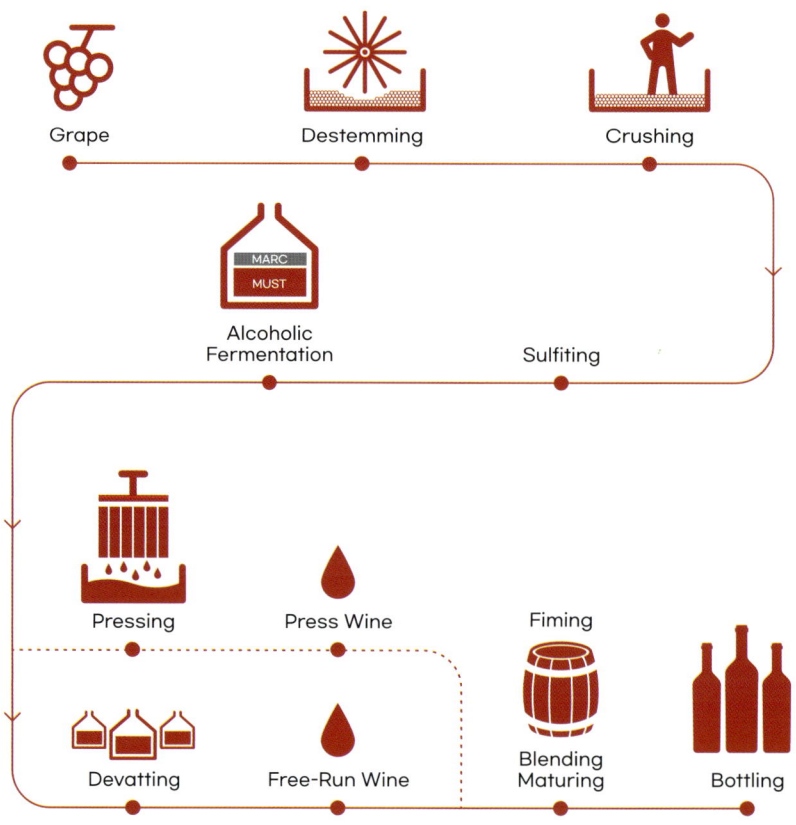

화이트 와인 양조 과정

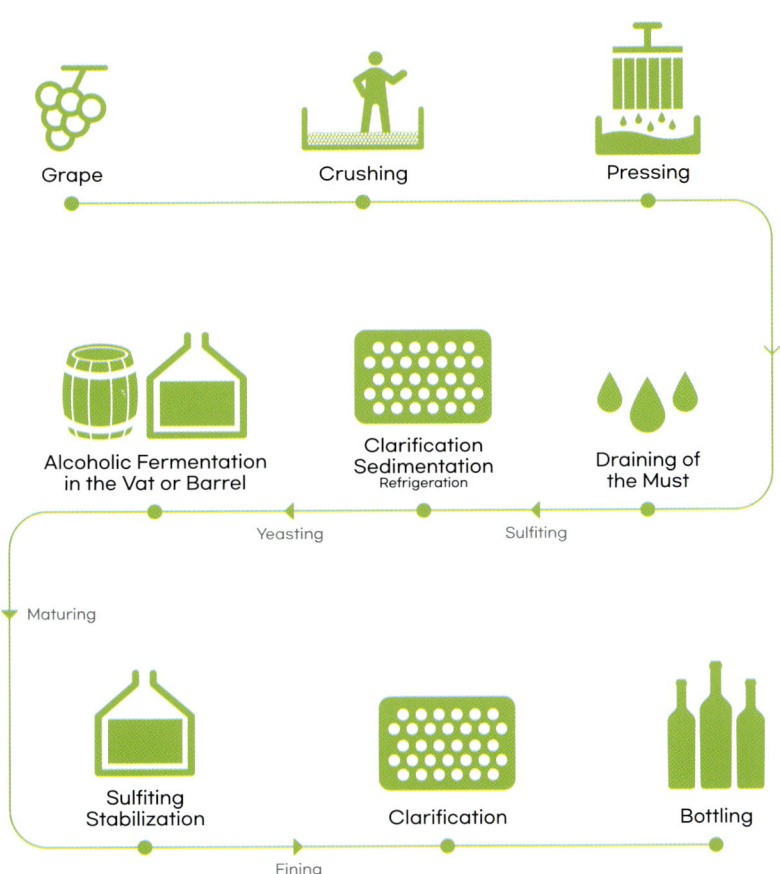

🍷 와인 발효

와인의 평균 알코올 도수
와인 양조 과정에서 발효라는 것은 포도 과즙의 당분이 알코올성 음료로 전환되는 것을 의미한다. 발효 시 과즙 속의 당분은 효모에 의해 에탄올과 부산물인 이산화탄소로 바뀐다. 이때 발효 속도, 초기 단계의 산소 농도 등은 발효에 영향을 미치는 중요한 인자이다.

발효 과정
발효 시에 과즙 속의 당분은 효모에 의해 에탄올과 부산물인 이산화탄소로 전환된다. 일반적으로 배양된 효모의 경우 건조되어 비활성화된 상태로 있다가 포도 과즙을 만나면 활성 상태가 된다. 발효 과정이 촉진되기 위해서 지속적으로 탄소, 질소, 황, 인산염과 다양한 비타민, 미네랄이 공급되어야 하는데 이러한 물질들은 포도 과즙 자체에 들어 있다.

🍷 포도 발효

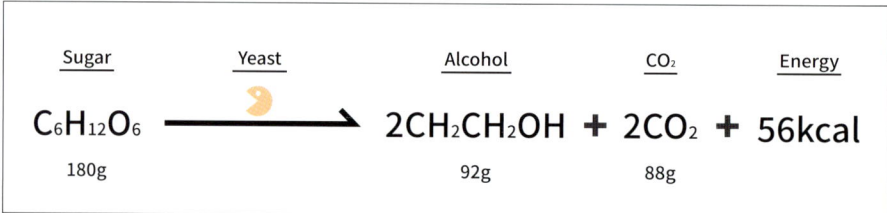

양조 과정

탄산가스 침용(Carbonic Maceration)

탄산가스 침용이란 효모를 첨가하는 대신 포도알 자체의 알갱이 내부에서 발효가 일어나도록 하는 것인데, 포도알 발효라고 알려져 있다. 포도송이 전체를 밀폐된 발효조에 넣은 후 산소를 제거하고 이산화탄소를 주입하면, 포도 내부의 세포단위에 있는 효소에 의한 에탄올과 다른 화학물질들이 생성된다. 주로 프랑스 보졸레 및 론 지역에서 사용되는 방식으로, 특히 타닌 함량이 높은 품종의 포도로 타닌 함량이 낮은 과일향의 와인을 만드는데 적합한 방식이다.

유산 발효(Malo-lactic Fermentation)

유산 발효의 경우 효모가 아닌 박테리아가 말산을 유산으로 변화시키는 역할을 한다. 이 경우 산미가 감소되면서 더 부드러운 맛을 내게 되는데, 이때 크림처럼 부드러운 질감이 더해지고 버터와 같은 고소한 풍미도 생겨나게 된다. 대부분의 레드 와인은 유산 발효를 거치며 화이트 와인의 경우 양조자의 스타일에 따라 선택적으로 사용하는 방법이다. 와인 양조자의 스타일에 따라 유산 발효는 효모 발효와 동시에 진행될 수도 있다. 하지만 과하게 유산 발효를 할 경우 꽃향과 시트러스류의 풍미가 사라지기 때문에, 품종 고유의 향이 강하지 않은 샤르도네가 유산 발효를 거치는 품종으로 알려져 있다.

Malic Acid

Lactic Acid

🍷 와인 양조 시 고려 사항

온도
발효 과정에서 가장 중요하게 고려되어야 하는 것은 어느 정도의 온도에서 어떤 계통의 효모를 사용하여 당분을 에탄올로 전환하는가이다. 발효의 생화학적 과정 자체에서 많은 열이 발생하여 양조에 적합한 온도까지 상승할 수 있다. 화이트 와인은 약 18~20℃ 정도에서 발효되며, 레드 와인은 최대 29℃ 정도의 온도에서 발효가 된다. 더 높은 온도에서 발효가 일어날 경우 효모가 오히려 비활성 상태가 되고, 와인의 향과 맛이 증발해 버리는 부작용이 생길 수 있다. 발효 과정에서 발생하는 열을 조절하기 위해 적절한 크기의 발효조를 선택하거나 냉동기를 사용하기도 한다.

기타 첨가물
발효 과정에서 불필요한 화학물질이 잔류하면 와인이 상할 수 있는데, 이산화황을 첨가하면 개선될 수 있다.

🍷 숙성(Maturation)

숙성의 총 기간은 포도 품종과 추구하는 와인 스타일에 따라 달라지고 몇 주에서부터 몇 년에 이르기까지 다양하다. 숙성 기간 동안 와인의 특성은 산소와의 느린 접촉, 오크와의 접촉, 타닌의 종합반응에 의해 변하게 된다. 이때 와인은 안정을 취하게 되어 매우 복합적인 아로마와 맛의 성분이 생성되고, 향은 더욱 깊어진다. 많은 현대식 양조장에서는 커다란 스테인리스 스틸통에 와인을 저장하여 숙성시킨다. 그러나 보르도, 부르고뉴, 리오하 같은 몇몇 지역에서는 오크 카스크(Oak Cask)에서 많은 와인들이 숙성되고 있다. 작은 오크 카스크는 큰 것에 비해 오크의 향을 더 풍부하게 한다. 또한 오크통은 와인에 크게 두 가지 영향을 미친다.

1) 향미 효과
첫 번째 효과는 향미에 관한 것이다. 오크통이 새것이고 작을수록 와인에 미치는 영향이 크며 코코넛, 바닐라, 정향, 토스트 향은 나무와 관련된 향미의 가장 흔한 예다.

2) 미묘한 효과
두 번째 효과는 미묘한 것이다. 오크통은 100% 밀폐되지 않으며 와인은 참나무의 기공을 통해 숨을 쉰다. 이로써 과일 향미는 더 차분해지고 색상은 안정되면서 와인 맛은 더 감미롭고 더 흥미로워진다. 나무통에서 얼마나 많은 시간을 보내느냐 하는 것은 와인마다 다른 문제이며, 생산자에 따라 다르다.

🍷 오크통 토스팅

나무를 가열하면 나무의 천연 당분이 토스트, 향신료, 바닐라의 풍미로 변하게 되며, 가열로 인해 태운 풍미와 함께 와인에 첨가된다.

- Léger : 나무 색깔이 살짝 변하는 정도로만 가볍게 토스팅하는 것으로 캐러멜, 바닐라, 정향의 아로마를 더해 준다.
- Moyen : 갈색이 도는 정도까지 토스팅하는 것으로 삼나무, 로스팅한 너트류, 바닐라 및 커피 아로마를 더해 준다.
- Fort : 짙은 갈색이 돌 때까지 토스팅하는 것으로 커피원두, 차콜, 생강, 너트맥 및 구운 빵 아로마를 더해 준다.

프랑스 오크와 미국 오크의 차이점

1. 프랑스 오크(1000달러 내외) : 참나무 기공이 커 와인이 빨리 숙성된다.
2. 미국 오크(500달러 내외) : 참나무 기공이 작아 장기 숙성을 해야 한다.

🍷 알코올 도수에 따른 와인의 분류

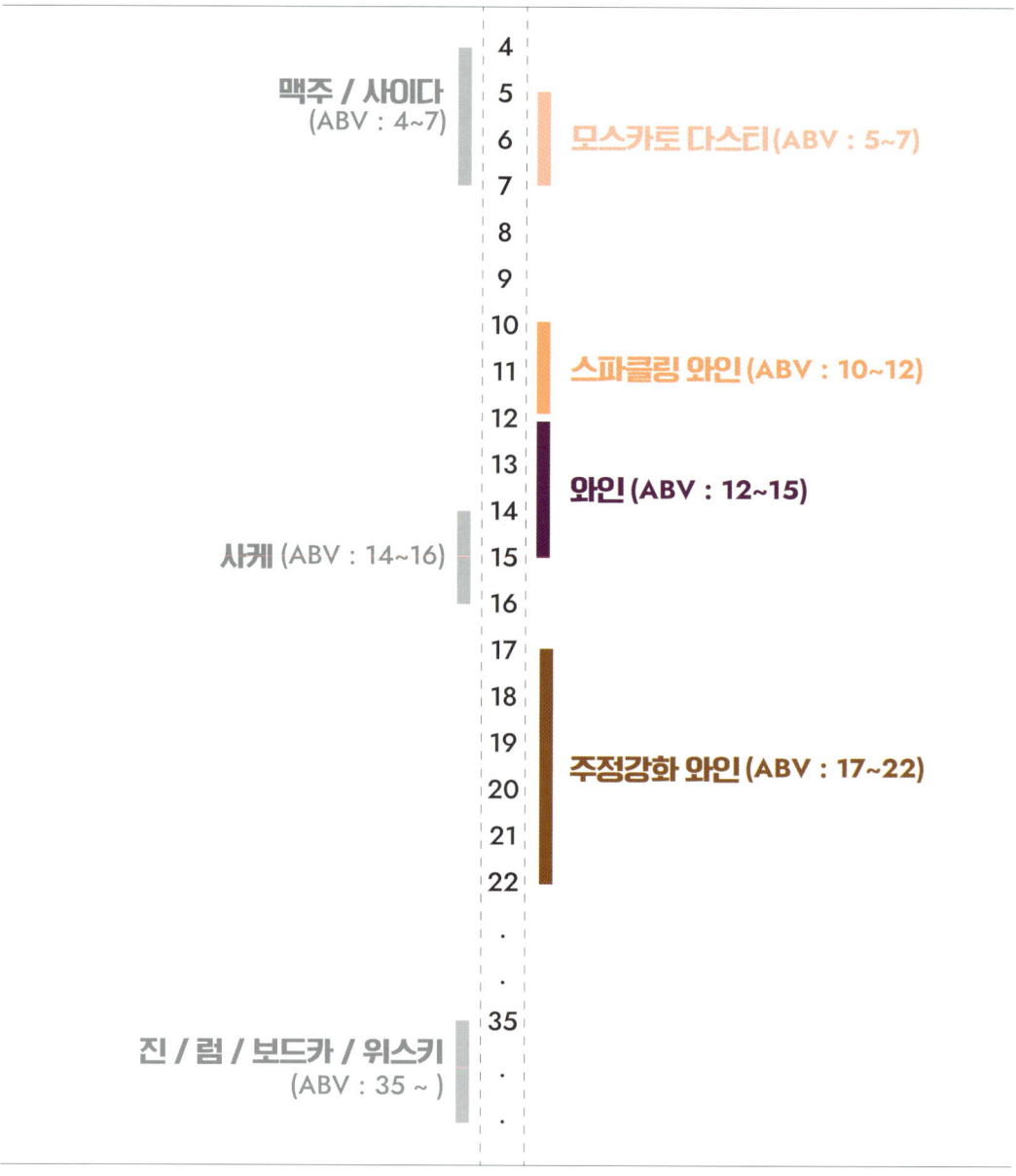

와인의 구성과 성분

포도의 구조와 성분

포도 열매는 껍질, 과육, 씨로 구성되어 있으며, 하나의 포도 열매에 껍질은 10%, 과육은 80%, 씨는 5%, 꽃자루는 3~5% 정도로 구성되어 있다.

- 줄기 : 거칠고 강한 타닌을 포함하고 있기 때문에 적포도 침용 과정에서 제외된다.
- 껍질 : 포도 과육을 싸고 있는 얇은 조직으로 타닌이나 색소 같은 폴리페놀 성분과 향 입자들을 함유하고 있다.
- 씨 : 지방분과 거친 타닌을 함유하고 있으며 쓴맛을 가지고 있다.
- 과육 : 대부분 물로 구성되어 있으며 당분과 산, 미네랄 등을 함유하고 있다.

> **타닌**
>
> 타닌은 장기 숙성용 와인(고급 와인)에 필수적인 성분이며 포도의 껍질, 줄기, 씨앗, 오크통에서 유래한다. 줄기와 씨앗에서 나오는 타닌은 질이 낮은 타닌이다.
> 타닌이 지닌 떫은 느낌은 단백질과 결합하여 침전하는 타닌의 성질에서 나온다. 타닌은 미각이 아니라 촉각으로 감지하기 때문에 떫은 느낌, 마르는 느낌, 쓴 느낌 등을 느낄 수 있다.

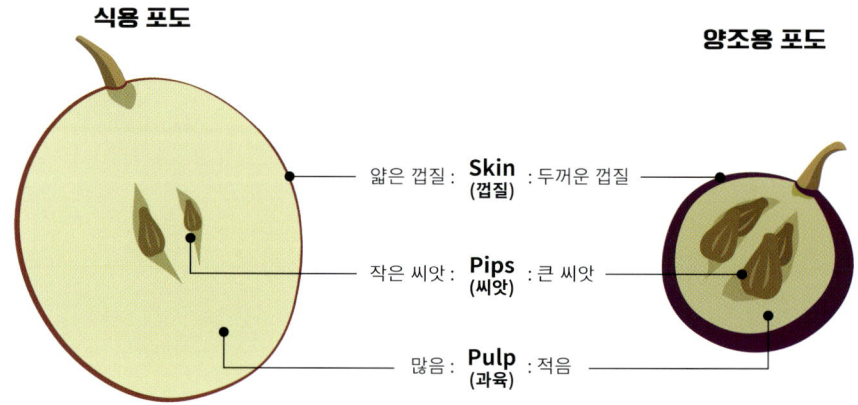

식용 포도(Table Grape)

- 포도알의 크기가 크다.
- 껍질이 얇고 타닌이 낮다.
- 당도가 낮다(17~19 brix).
- 향이 상대적으로 풍부하지 못하다.
- 추위나 병충해에 비교적 강해서 키우기 쉽다.
- 캠벨, 거봉, 머루포도 등이 있다.

양조용 포도(Wine Grape)

- 포도알의 크기가 작다.
- 껍질이 두껍고 타닌이 많다.
- 당도가 높다(23~25 brix). ▶ 알코올 도수가 높다.
- 씨앗이 더 굵다.
- 산도가 높다.

포도의 과육과 껍질

❶ 과육 ▶ 와인의 맛과 향을 결정한다(당도, 산도, 수분).
❷ 껍질 ▶ 타닌(장기 숙성), 색(안토시아닌), 와인의 풍미를 결정한다.

좋은 와인을 만들기 위해서는 완전한 숙성을 줄 수 있는 좋은 포도를 선택해야 하는 것이 기본이다.

🍷 와인의 구성 성분

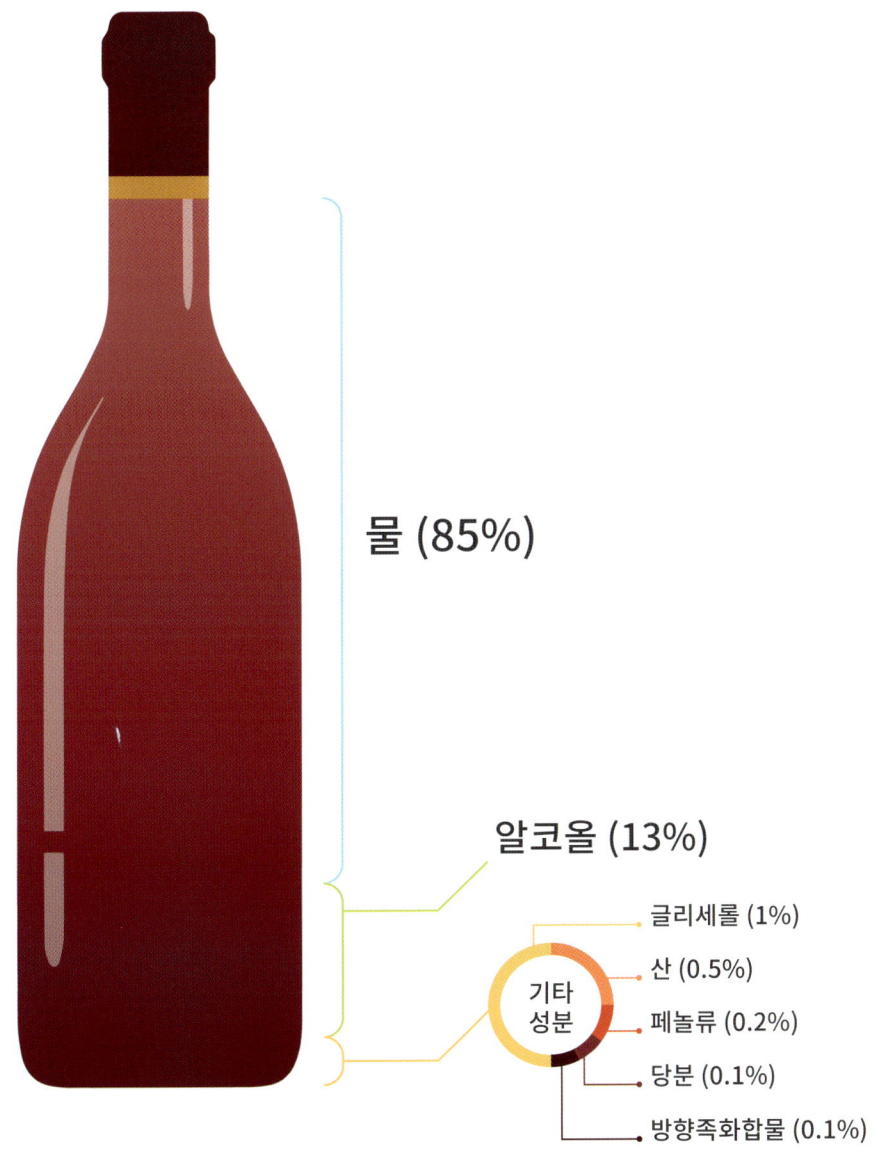

> "와인은 긴장을 풀고 너그러운 태도를 갖게
> 해주어 일상을 편안하고 느긋하게 만든다."
>
> – 벤저민 프랭클린

part 2

와인의 분류

음료의 분류

음료는 알코올성 음료(Hard Drink)와 비알코올성 음료(Soft Drink)로 구분되는데 알코올성 음료는 일반적으로 알코올이 포함된 술을 의미하고, 비알코올성 음료는 알코올이 포함되지 않은 음료를 총칭한다. 음료를 종류별로 분류해 보면 다음과 같다.

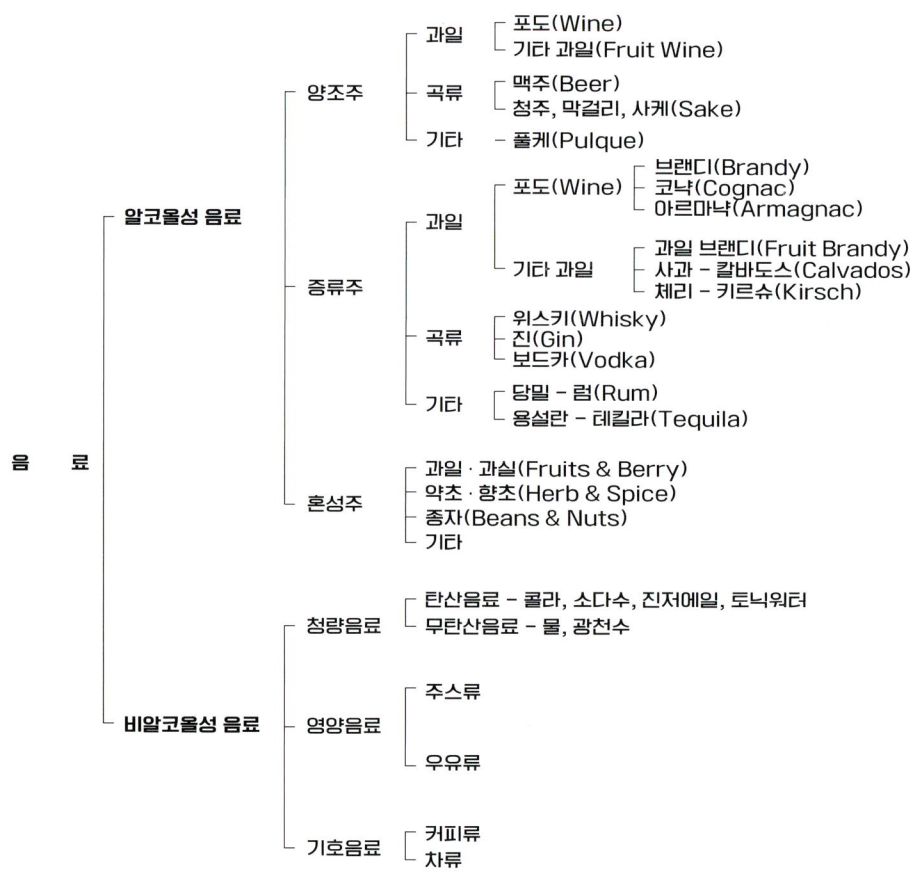

알코올성 음료(Alcoholic Beverage, Hard Drink)
- 양조주
- 증류주
- 혼성주

비알코올성 음료(Non-Alcoholic Beverage, Soft Drink)
- 청량음료
- 영양음료
- 기호음료

🍷 양조주

양조주란 원료를 그대로 또는 당화한 다음 효모로 발효하여 만든 술을 말한다. 알코올 발효가 끝난 술을 그대로 또는 여과하여 마시는 것으로 원료 자체에서 우러나오는 성분을 가지고 있다. 알코올 함량이 낮고 추출물 함량이 높은 술이며 와인, 맥주, 막걸리, 청주가 양조주에 속한다.

맥주(양조 곡주)
맥주는 보리를 가공한 맥아를 발효한 술로써 알코올 도수는 2~8% 정도로 맥주의 종류에 따라 다양하다. 원료는 보리, 쌀, 호밀, 수수, 조 등 주로 곡물을 사용한다.

와인(과실주)
와인이란 넓은 의미에서 과일이나 열매만을 순수하게 발효시켜 만든 알코올 함유 음료를 말하며 일반적으로 신선한 천연 과일인 포도만을 원료로 발효시켜 만든 포도주를 의미한다. 우리나라 주세법에서는 와인을 과실주의 일종으로 정의하고 있다.

🍷단발효, 복발효

와인

1) 단발효

단발효는 당을 알코올로 만드는 것을 말하며 과일이나 열매 등 당을 포함하고 있는 원료에 효모를 투입하여 바로 알코올을 만드는 발효 방식이다.

맥주

2) 복발효

쌀, 보리, 밀가루, 옥수수 등 곡류의 전분을 함유한 원료는 일단 당화효소에 의하여 당화작용을 거친 후 다시 효모에 의한 발효 과정을 거쳐야 술을 만들 수 있는데, 이와 같이 당화와 발효의 두 과정을 거쳐 술을 제조하는 방식을 복발효라고 한다. 맥주, 청주, 노주, 탁주 등이 복발효에 속한다.

🍷 증류주

만든 술을 다시 증류하여 알코올 성분의 비율을 높인 술로 위스키, 브랜디, 보드카, 테킬라, 진, 럼, 소주, 고량주 등이 증류주에 해당된다.

>
> **증류의 원리**
>
> 증류란 액체 상태의 혼합물을 끓이고 응축시켜 구성 성분을 분리하는 것을 말한다. 두 혼합물의 상대 휘발도 차이를 활용하는 것으로 화학적 반응 없이 물리적인 분리가 이루어진다. 예를 들어 알코올(에탄올)의 끓는점은 78.4℃이고 순수한 물의 끓는점은 100℃이기 때문에 이 끓는점들 사이의 온도로(예: 90℃) 끓여주면 알코올만 기화되고, 이 증기를 식히면 고농도의 알코올이 생성된다.

위스키(Whisky)

위스키는 보리, 밀, 수수 따위의 맥아에 효모를 넣어 발효시킨 후 이를 증류하여 오크통에서 숙성시킨 술이다. 주로 보리, 옥수수, 호밀, 밀 등의 곡물이 원료가 된다.

1) 아일랜드 : 아이리시 위스키(Irish Whisky)
2) 스코틀랜드 : 스카치 위스키(Scotch Whisky)
3) 캐나다 : 캐나디언 위스키(Canadian Whisky)
4) 미국 : 아메리칸 위스키(American Whisky)

브랜디(Brandy)

브랜디의 어원은 '불에 태운 와인'으로 과실을 증류하여 숙성시킨 술이다. 일반적으로 포도로 만든 것을 말하며, 다른 발효 과즙으로 만든 브랜디에는 특정 과일 이름이 붙는다.

보드카(Vodka)

보리, 감자, 호밀 등의 원료를 발효 후 증류시켜 숯으로 여과하여 만든 술이다.

테킬라(Tequila)

용설란의 즙으로 만든 멕시코 원산의 독한 술로 용설란의 수액을 채취해두면 '풀케'라는 발효주가 나오는데 이것을 증류하여 숙성한 술이다.

진(Gin)

곡물을 원료로 증류한 술에 주니퍼베리와 같은 열매 향신료를 첨가해 다시 증류한 술이다.

럼(Rum)

서인도 제도가 원산지로, 당밀이나 사탕수수의 즙을 발효하여 증류 및 숙성시킨 술이다.

소주(Soju)

곡류나 고구마 등을 원료로 발효시켜 증류 과정을 거쳐 생산한 술이다.

증류주와 발효주

증류란 알코올과 물의 끓는점 차이를 이용해서 고농도 알코올을 얻는 과정으로 증류주의 원료는 발효주이다. 즉 발효주와 증류주의 최초 원료는 동일하다.

혼성주

혼성주는 양조주나 증류주에 향료, 감미료, 색소 따위를 첨가하여 만든 술이다. 화려한 색채와 더불어 독특한 향을 지닌 이 술을 일명 '액체의 보석'이라고도 한다. 양조주나 증류주에 식물의 뿌리나 열매, 과즙, 색소 등을 더해서 색다른 풍미의 술로 다시 만든다. 프랑스의 리큐르, 영국과 미국의 코디얼이 혼성주에 속한다.

와인의 분류

🍷 색에 따른 분류

레드 와인
적포도로 만드는 레드 와인은 화이트 와인과 달리 적포도의 씨와 껍질을 그대로 함께 넣어 발효한다. 때문에 씨와 껍질에 있는 타닌 성분까지 함께 추출되어 화이트 와인과는 달리 떫은맛이 나며, 껍질에서 나오는 붉은 색소로 인하여 붉은 색깔이 난다. 레드 와인의 맛은 타닌의 조화로움이 크게 좌우하며 포도 껍질과 씨를 얼마 동안 발효시키느냐에 따라서 또는 포도 품종에 따라서 차이가 난다. 일반적인 알코올 농도는 12~14%이며, 18~20℃의 온도로 마신다. 레드 와인은 다양한 향을 즐기기에 아주 좋다.

화이트 와인
화이트 와인은 첫째로는 잘 익은 청포도를 압착해서 만들고, 둘째로는 적포도의 껍질과 씨를 제거하고 만든다. 포도를 으깬 뒤 압착하여 나온 주스를 발효시켜 만든 화이트 와인은 타닌 성분이 적어서 맛이 순하고, 포도 알맹이에 있는 산으로 인해서 상큼하며, 포도 알맹이에서 우러나오는 색깔로 인해서 노란색을 띤다.
화이트 와인의 일반적인 알코올 농도는 10~13% 정도이며 보통 와인 쿨러에 넣어 차게(약 8℃)해서 마셔야 맛이 좋다. 단 지나치게 차게 하면 화이트 와인에 포함되어 있는 산과 향(Aroma) 성분이 얼어서 제맛이 안 난다. 화이트 와인은 주로 산미를 통한 청량감을 즐기기 위해 마신다.

로제 와인
대체로 붉은 포도로 만드는 로제 와인은 핑크색을 띠고 있으며, 제조 과정은 레드 와인과 비슷하다. 레드 와인처럼 포도 껍질과 과육을 함께 넣고 발효시키다가 어느 정도 시간이 지나서 색이 우러나오면 껍질을 제거한 채 과즙만을 가지고 와인을 만들거나, 레드 와인과 화이트 와인을 섞어서 만들기도 한다.

로제 와인은 보존 기간이 짧아서 오래 숙성하지 않고 마시는 게 좋다. 색깔은 화이트 와인과 레드 와인의 중간인 핑크빛이라 보기에 아름다우며, 맛은 화이트 와인에 가깝고 차게해서 마시는 게 좋다.

평소 어떤 와인을 마실지 애매한 상황에서는 로제 와인을 선택하면 무리가 없다. 로제 와인은 시간이 지날수록 색이 짙어지는 경향이 있다.

당도에 따른 분류

드라이 와인

드라이 와인은 완전히 발효되어 당분이 거의 남아있지 않아 씁쓸한 맛이 강하게 난다. 리터당 포함된 포도당이 10g 미만인 와인을 의미하며, 대부분의 레드 와인이 드라이 와인에 속한다.

미디엄 드라이 와인

미디엄 드라이 와인은 발효 과정에서 발효되지 않은 포도당이 약간 남아 단맛을 느낄 수 있는 와인을 의미한다. 드라이하지만 약간의 스위트한 느낌이 있어서 와인 초보자들이 즐기기에 좋다.

스위트 와인

스위트 와인은 발효 과정에서 당분을 완전히 발효시키지 않아 포도당의 단맛이 비교적 많이 남아있는 와인을 말한다. 보통 식후에 디저트와 함께하기 좋은 와인이며, 대부분의 화이트 와인이 스위트 와인에 속한다.

식사 용도에 따른 분류

식전에 마시는 와인 : Aperitif Wine

화이트 와인의 높은 산도는 식욕을 돋우고 쌉싸름한 맛은 타액 분비를 도와준다. 식전에는 소화 흡수를 촉진시키는 와인이 적절한데 화이트 와인의 단맛은 소화 흡수를 촉진시키는 호르몬을 발생시킨다.

테이블 와인 : Table Wine

테이블 와인은 식사 중에 음식과 함께 곁들이는 와인을 말하며 입안에 남은 음식의 잔향을 없애고 다음에 나오는 음식을 제대로 즐길 수 있도록 도와준다.

디저트 와인 : Digestif(디제스티프)

식사 후에 입안을 개운하게 하기 위해 마시는 와인으로 약간 달콤하고 알코올 도수가 높은 것이 특징이다. 스페인의 셰리 와인과 포르투갈의 포트 와인이 대표적인 디저트 와인에 속한다.

와인과 푸드 매칭 시 고려해야 할 요소

와인과 어울리는 음식을 찾는 것은 음식과 와인의 무게감에 조화를 맞추는 과정이다.
고기류나 붉은색 고기로 만든 스튜와 같이 진하고 기름진 음식에는 풀바디 와인이 적합하다. 물론 와인의 색보다는 무게감이 더 중요하지만, 대부분 묵직한 레드 와인을 선호한다. 가벼운 레드 와인보다는 묵직한 풀바디 화이트 와인이 고기와 더 잘 어울리기도 한다. 담백한 고기나 생선과 같은 가벼운 요리는 아주 섬세한 맛의 와인을 선택해야 그 맛이 더욱 살아난다. 화이트 와인이든 레드 와인이든 색상에 상관없이 이런 가벼운 요리에는 라이트바디의 와인이 더 적합하다.

당도
드라이 와인은 단맛이 나는 음식과 곁들였을 때 아주 산도가 강한 시큼한 맛이 난다. 그러므로 단맛의 음식은 비슷한 당도 혹은 그 이상의 당도를 지닌 와인과 함께해야 한다. 즉 음식이 달면 달수록 와인의 맛도 달아야 한다. 와인의 당도는 블루치즈에서 느껴지는 짠맛과도 균형이 맞는데, 그 예로 영국의 대표적인 블루치즈 스틸턴과 포트 와인이 전형적인 조화를 이룬다는 것을 들 수 있다.

산도
입에 침이 고일 만큼 강한 산도를 지닌 와인은 토마토 풍미와 같이 신맛이 도는 음식과 조화를 이룬다. 따라서 산도가 뛰어난 이탈리아의 와인들은 그 지역의 토마토나 올리브오일을 넣고 요리한 음식들과 아주 잘 어울린다. 높은 산도의 와인은 기름진 음식과도 조화를 이루는데, 와인의 신맛이 음식의 진한 기름기를 감소시켜 주기 때문이다. 만약 이때 부드러운 와인을 마신다면 음식의 기름기 때문에 와인 맛이 밋밋하게 느껴질 것이다. 진한 크림소스가 들어간 음식에는 충분한 무게감과 산도를 지닌 와인이 필요하다. 그러나 식초나 레몬 속에 들어 있는 순수 산도는 대부분의 와인 산도를 압도한다.

타닌
와인의 타닌은 단백질과 만나면 변화를 일으킨다. 즉 타닌은 붉은색 고기와 같이 단백질 함유량이 높은 음식을 입안에서 부드럽게 느끼게 해준다. 따라서 카베르네 소비뇽이나 시라와 같은 타닌이 풍부한 포도 품종으로 만든 와인은 로스트한 고기나 고기 스튜와 잘 어울린다. 보졸레와 바르돌리노와 같이 부드러운 타닌을 지닌 가벼운 레드 와인은 하얀 육질의 고기와 가벼운 음식들을 잘 보완해준다. 음식 없이 와인만 마셔도 좋다. 와인의 타닌과 기름진 생선의 조화는 불쾌한 맛을 초래하기 때문에 레드 와인과 생선은 피하는 것이 일반적인 상식이다. 그렇지만 타닌 성분이 낮은 레드 와인은 참치 같은 육질의 생선과는 훌륭한 조화를 이룬다. 또한 타닌을 많이 함유한 와인은 짭짤한 음식과 함께 마시면 쓴맛을 내니 주의한다.

> "와인은 슬픈 사람을 기쁘게 하고, 오래된 것을 새롭게 하고,
> 살아있는 영감을 주는 동시에 일상의 피곤함을 잊게 한다."
>
> – 바이런

part 3

스파클링 와인

와인 양조 방법

🍷 양조 방식에 따른 와인 분류

일반 와인(스틸 와인)

우리가 가장 흔하게 마시는 레드 와인, 화이트 와인, 로제 와인을 일반 와인이라고 한다. 포도당이 효모로 인해 분해되는 과정에서 탄산가스가 나오는데, 이때 나오는 탄산가스를 완전히 제거한 와인이다. 알코올은 8~15% 정도이고, 일반 와인은 그 지역에서 생산되는 음식과 잘 어울리는 특성이 있다.
- 프랑스에 가면 프랑스 지역 와인, 이탈리아에 가면 이탈리아 지역 와인을 선택하면 된다.

빈티지 와인

특별히 잘 된 해의 포도로 만든 와인은 그 연호를 라벨에 표시하는데 이것을 빈티지 와인이라고 한다. 보통 그 해에 일조량이 좋은 경우가 많다.

스파클링 와인

스파클링 와인이란 일반적으로 3기압 이상의 가스 압력을 가진 와인을 지칭한다. 1차 발효가 끝난 와인에 당분과 효모를 첨가하여 2차 발효를 통해 생산한다. 알코올은 보통 8~15% 정도이다.

스파클링 와인은 발효 과정에서 효모를 넣어 당분을 알코올과 탄산가스로 분리해 기포가 생기는 것이 특징이다. 스파클링 와인은 레드 와인에 비해 알코올 도수가 낮고, 단맛과 과일향이 강하면서 톡 쏘는 느낌이 있어 누구나 부담 없이 즐길 수 있다.
- 프랑스 샹파뉴 지역에서 생산된 스파클링 와인만을 샴페인이라 부르고, 그 외 지역에서 생산되는 와인은 스파클링 와인으로 통칭한다.

스위트 와인

당 함량이 2% 이상이며 마셨을 때 달다고 느껴지는 와인을 스위트 와인이라고 한다. 스위트 와인은 발효 과정에서 당분을 완전히 발효시키지 않아 포도당의 단맛이 비교적 많이 남아있다. 보통 포도 수확을 늦게 하여 포도의 수분이 줄고 당의 함량이 높아졌을 때 포도를 수확해 와인을 제조하는 방법을 사용하며, 양조 과정에서 당을 추가하는 경우도 있다.

주정강화 와인

일반 와인에 알코올이나 브랜디를 첨가하여 알코올 도수를 18% 이상으로 높인 와인으로 포트 와인과 셰리 와인이 대표적이다.

🍷 샴페인 : 돔 페리뇽

> 돔 페리뇽(Dom Pérignon)
> '돔(Dom)'은 성직자의 최고 등급인 '다미누스(Dominus)'

"Brothers, Come Quickly! I'm Drinking Stars!"
"형제들이여. 어서 와보세요! 저는 지금 하늘의 별들을 마시고 있어요!"

돔 페리뇽은 1668년 피에르 페리뇽이 프랑스 샹파뉴에 있는 베네딕틴 오빌리에 수도원에서 제조한 와인이다. 샴페인 브랜드명으로 쓰인 '돔(Dom)'은 성직자의 최고 등급인 '다미누스(Dominus)'를 줄여서 부른 호칭이며, 피에르 페리뇽은 훗날 '돔 페리뇽'으로 불렸다. 오늘날 샹파뉴 지역은 스파클링 와인으로 유명하지만, 17세기까지만 해도 기포가 없는 일반 와인의 주 생산지였다. 당시에는 일반 와인에 생기는 기포와 가스는 제거해야 하는 골칫거리일 뿐이었다. 사람들은 발효의 원리를 몰랐기에 이를 악마의 장난이라 여겼다.

기후가 서늘한 샹파뉴 지역에서는 포도가 익기를 기다리다 보니 와인을 늦게 담글 수밖에 없었다. 기온이 급격히 낮아지면 발효가 진행되다가 멈추기도 했는데 그런 줄도 모르고 당시 사람들은 와인이 완성됐다고 여겼다. 그러다 계절이 바뀌어 땅이 녹을 무렵이면 와인에 기포가 일어 폭발하는 일이 종종 발생했다. 기온이 낮아져 활동을 멈추었던 효모가 기온이 오르는 봄이 되면 다시 깨어나 발효해 이산화탄소가 생겼기 때문이다.

샴페인은 이처럼 우연히 발견됐다. 그 뒤로 와인메이커의 경험에 과학 기술이 더해져 샴페인은 고유의 스타일을 완성해갔다.

🍷 왕의 와인, 샴페인

샴페인은 프랑스 샹파뉴 지역에서 생산되는 와인에만 붙일 수 있는 이름으로 샹파뉴 지역에서 왕들의 대관식이 거행되었던 역사 때문에 '왕의 와인'이라 불린다.

슬픈 날엔 샴페인을 – 돔 페리뇽

훌륭한 샴페인은 슬픔처럼 피어오르는 거품을 안고 살아가는 것입니다.
기쁨과 슬픔이 서로 다른 것이 아니듯이 거품과 맛이 따로 존재하지 않으며, 거품 속에 샴페인이, 샴페인 속에 거품이 함께 녹아 존재하는 것입니다.

스파클링 와인 양조 방법

🍷 스파클링 와인 양조 방법

메토드 샹프느아즈(Methode Champenoise)
샴페인을 만드는 전통적인 방법으로 일반 와인을 병입한 후 당분 및 효모를 넣어 밀봉한 다음 병 속에서 2차 발효를 시키는 방법이다.

메토드 샤르마(Methode Charmat)
일반 와인을 큰 탱크 안에 밀봉하여 2차 발효를 시키는 방법으로 대량 생산이 가능하고, 원가 절감이 가능하다. 일반 스파클링 와인을 제조할 때 사용한다.

메토드 트랜스퍼(Methode Transfer)
2차 발효시켜 탄산가스가 있는 와인을 병 속에서 압력을 가해 탱크에 넣고 냉각하여 침전물을 제거한 다음 새로운 병에 병입하는 방법이다.

가제피에 카본네이티드 스파클링 와인(Gazeifie Carbonated Sparkling Wine)
탄산가스를 강제로 주입하는 방법으로 가장 저급의 스파클링 와인이다.

샴페인 제조 과정

 스파클링 와인 : 샴페인

🍷 샴페인 포도 품종

🍷 샴페인 라벨

샴페인 라벨을 통해 다음과 같은 내용을 확인할 수 있다.

라벨에 특별한 내용이 없는 경우
청포도와 적포도를 6 : 4의 비율로 만든 샴페인이다.

블랑 드 블랑(Blanc de Blancs)
샤도네이와 같은 청포도 품종으로만 만든 샴페인을 가르키는 말이다. 블랑 드 블랑 샴페인은 거품이 미세하며 흰 꽃 향의 섬세한 아로마와 상큼한 향미가 뛰어나다.

블랑 드 누아르(Blanc de Noirs)

적포도 품종인 피노 누아와 삐노 뫼니에로만 만든 샴페인이다. 적당한 타닌에 제비꽃, 견과류, 나무향 등이 더해져 조화를 이룬다.

프레스티지 꾸베(Prestige Cuvée)

빈티지이면서 장기간 숙성시킨 것으로, 고급 생산 지역에서 자란 최고의 포도로 만들어야 한다. 그리고 첫 번째에 짠 주스만으로 만들며, 수량이 적어서 수요 공급의 원칙에 의해 비싸게 팔린다.

 # 국가별 스파클링 와인

 ## 프랑스

샴페인(Champagne)
프랑스 샹파뉴 지역에서 전통 방식으로 만들어진 스파클링 와인을 지칭한다.
- 5기압 이상

크레망(Crémant)
프랑스 샹파뉴 지역 이외에서 샴페인을 만드는 전통 방식으로 만들어진 스파클링 와인을 지칭한다. 와인의 품질이 샴페인 수준이고 가성비가 매우 좋다.
- 3.5기압

뱅 무쉐(Vin Mousseux)
프랑스어로 스파클링 와인이라는 뜻이며, 불어로 'Mousseux'은 '거품'을 의미한다. 샤르마 방식(밀폐된 탱크 방식)으로 생산된다.

뻬띠앙(Pétillant)
프랑스어로 '약한 발포성 와인'이라는 뜻이다. 20℃의 온도에서 2.5kg을 초과하지 않는 탄산가스 압력을 지닌 와인을 뻬띠앙이라 규정하고 있다.

이탈리아

> 이탈리아어로 발포성 와인(Sparkling Wine)을 뜻하는 말은 '스푸만테(Spumante)'이다.

프란치아코르타(Franciacorta)
이탈리아 북서부 롬바르디아 지역에 위치한 프란치아코르타 마을은 로마 시대부터 포도가 재배되고 중세 시대 수도사들이 와인을 만들던 곳이다. 프란치아코르타는 샤를마뉴 대왕이 이곳에 여행을 왔다가 아름다운 풍경에 반해 '프란치아코르타(Franciacorta)', 즉 '리틀 프랑스'라는 이름을 붙여주면서부터 지역명이 되었다.
DOCG(이탈리아 와인 중 최고 등급) 등급으로 이탈리아에서 가장 고급스러운 스푸만테이며 프란치아코르타 마을의 포도로만 생산할 수 있다. 주요 포도 품종은 샤르도네, 피노 누아, 피노 블랑이다. 샴페인과 같은 전통 방식으로 만들어지며 매우 가볍고 발포성이 뛰어난 거품을 포함하고 있다. 보통 빈티지는 30개월의 숙성 기간을 요구한다.

프로세코(Prosecco)
이탈리아의 백포도주로 드라이하고 맛이 아주 드라이한 스파클링 와인이다. 슬로베니아가 원산지인 청포도 품종 글레라(Glera)로 만들며 이탈리아 포도주 등급체계에 공식 인정되고 있다. 베네토주에서 주로 생산된다.

아스티 스푸만테(Asti Spumante)
'Spumante'는 거품을 의미하는 이탈리아어 'Spumare'에서 유래했으며, 기포 압력이 3기압 이상인 이탈리아 스파클링 와인을 의미한다. 모스카토 비안코(Moscato Bianco) 품종으로 만들어 향긋하고 달콤하며, 크림 같은 거품과 함께 배, 인동, 복숭아향을 느낄 수 있다. DOCG 등급으로 모스카토 비안코 품종을 사용해야 하며 7~9%의 알코올 도수를 요구한다.

람브루스코(Lambrusco)
에밀리아로마냐 지역에서 생산되는 레드 스파클링 와인으로, 이 지역의 음식과 잘 어울리는 스파클링 와인이다. 이곳은 파르미자노 레자노 치즈(파마산 치즈), 발사믹 식초, 프로슈토 디 파르마(이탈리아식 햄) 등 유명한 음식이 많은 지역이다. 람브루스코는 동일한 이름의 람브루스코 품종으로 만들며, 맛은 드라이하거나 살짝 달콤한 스타일로 만든다. 엄밀하게 말하면 거품이 부족해서 프리잔테라고 해야 한다.

프리잔테(Frizzante)

프리잔테는 '따끔따끔하다'라는 의미의 이탈리아어 'Frizzare'에서 유래하였으며 반 발포성 이탈리아 스파클링 와인을 가리킨다. 이탈리아의 프리잔테는 1~2.5 정도의 낮은 기포 압력을 가진다.

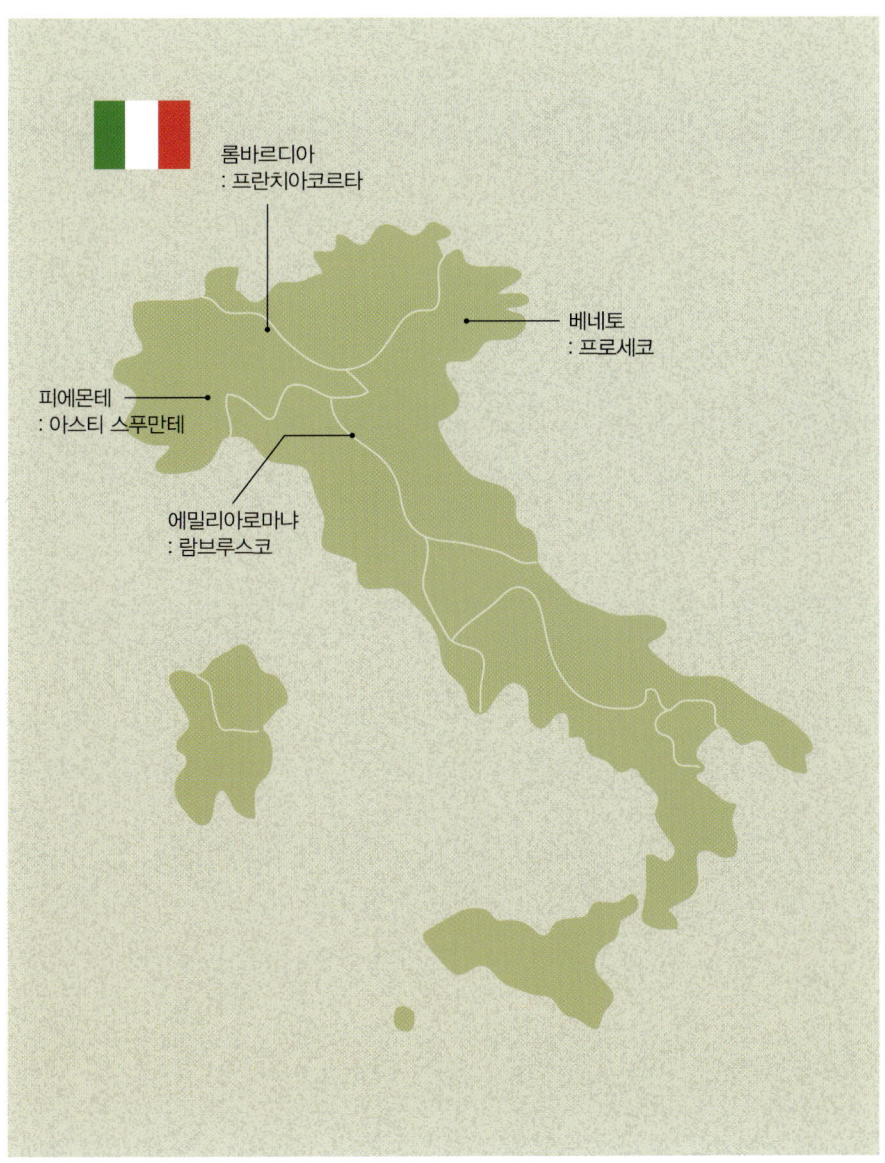

독일

페를바인(Perlwein)
독일어로 '가벼운 발포성 와인'을 의미한다. 1기압에서 2.5기압까지의 가벼운 가스가 있는 스파클링 와인이다.

샤움바인(Schaumwein)
'거품 와인'이라는 뜻으로 독일의 발포성 포도주를 말한다. 와인을 양조한 후 기압이 3.0 이상이어야 한다.

젝트(Sekt)
샴페인으로 대표되는 독일의 발포성 포도주는 일반적으로 젝트를 의미한다. 2차 발효 과정을 거치며 3.5기압 이상이어야 한다. 최고급 젝트는 포도 생산자가 특별히 공을 들였다는 의미에서 '빈저젝트(Winzersekt)'라고 불린다.

스페인

까바(Cava)
스페인에서 생산된 스파클링 와인을 '까바'라고 한다. 까바는 샴페인처럼 병에서 2차 발효를 거친다.
'Cava'는 카탈루냐어로 동굴을 뜻한다. 동굴 같은 지하 저장고에서 와인 숙성이 이루어지기 때문에 붙은 이름으로 까바를 처음 만들 때부터 사용했던 명칭이라고 한다. 샴페인과 까바를 구별하기 위해 1970년대에 공식 용어로 채택되었다.

> 까바를 만드는 중요한 청포도 품종 3가지
> 마카베오(Macabeo), 샤셀로(Xarello), 빠레야다(Parellada)

에스뿌모소(Espumoso)
스페인에서 스파클링 와인을 뜻하는 일반적인 용어는 에스뿌모소이다. 하지만 전통 방식으로 만들지 않으며 대부분 까바보다 탄산가스의 압력이 낮다.

와인의 당도 구분

샴페인의 당도(프랑스 전용)

엑스트라 브뤼(Extra Brut) : 0~6g
많이 드라이한 스파클링 와인을 뜻하며 보통 식전주로 어울린다.

브뤼(Brut) : 0~12g
드라이하지만 아주 미세한 단맛을 느낄 수 있는 스파클링 와인을 뜻하며 보통 식전주로 어울린다.

엑스트라 드라이(Extra Dry) : 12~17g
약간 드라이하며 단맛을 조금 느낄 수 있는 스파클링 와인을 뜻한다.

드라이(Dry) : 17~32g
보통 정도로 드라이한 스파클링 와인을 뜻하며 우리가 아는 일반적인 스파클링 와인이다.

데미 섹(Demi Sec) : 32~50g
약간 스위트한 스파클링 와인을 뜻하며 디저트와 어울린다.

두(Doux) : 50g~
강한 단맛을 느낄 수 있는 스파클링 와인을 뜻하며 디저트와 어울린다.

> 1L 기준 17~35g 설탕이 일반적인 스파클링 와인
> * 높은 산도에 균형을 맞추기 위해 설탕을 첨가하여 당도를 맞춤

> "한 병의 와인에는 세상의 어떤 책보다
> 더 많은 철학이 들어있다."
>
> – 파스퇴르

part 4

스위트 와인

스위트 와인의 종류

슈패트레제

슈패트레제(Spätlese)는 독일어로 '늦은 수확(Late Harvest)'이라는 뜻이다. 일반적인 수확 시기보다 늦게 수확하며 당도가 높아진 과숙된 포도로 만드는 와인이다. 카비네트(Kabinett)보다 더 진한 맛이 난다.

귀부 와인

귀부 와인(Botrytised Wine)은 보트리티스 시네레아(Botrytis Cinerea)라는 곰팡이균에 감염된 포도로 만든 와인이다. 보트리티스 시네레아는 포도에 생기는 회색의 곰팡이균으로, 포도 껍질에 미세하게 구멍을 내서 포도의 수분을 증발시키고 포도알의 과즙은 더욱 진하게 농축시켜 포도의 당을 높이고 산미를 살려주는 아주 귀한 균이다.

프랑스 귀부 와인 : 샤토 디켐(Château d'Yquem)
세미용이나 소비뇽 블랑 품종 등을 블렌딩하여 만드는 와인으로 귀부 와인의 대표라고 할 수 있다. 프랑스 보르도의 소테른 지역은 밤에 서늘하고 습도가 높으며, 아침은 안개와 온난한 일조량의 기후 환경을 가지고 있다. 즉, 곰팡이가 생기기 적합한 환경이라고 할 수 있다. 귀부 와인은 생산량이 적어 희소성이 높은 와인으로, 가격도 매우 비싼 편이다.

독일 귀부 와인 : 트로켄베렌아우스레제(Trockenbeerenauslese)
독일에서 생산되는 최고급 디저트 와인으로, 독일 와인 중에 가장 당분이 높다.
- '트로켄'은 독일어로 '건조한(Dry)'이라는 뜻이다. 즉, 포도가 충분히 익을 때까지 기다린 뒤 수확해서 만든 독일 와인을 말한다.

헝가리 귀부 와인 : 토카이(Tokaji)

헝가리의 토카이 지역은 유명한 스위트 와인 생산지이다. 토카이 와인은 17세기에 생산되어 프랑스나 독일의 명품 스위트 와인보다 100~200년 이상 앞서는 세계 최초의 스위트 와인이다.

푸르민트(Furmint) 품종을 이용한 베이스 와인에 귀부 포도를 추가하는데, 와인 생산자마다 귀부 포도를 넣는 시점은 다르다. 이때 추가하는 양을 라벨에 정확하게 표기해야 한다.

토카이 와인의 기원

토카이 와인의 양조 역사가 문서로 존재하는 건 12세기 초반이지만 그전부터 양조되었을 것이라는 추측이 있다. 토카이 와인은 왕실의 와인이라는 기록이 있을 만큼 많은 왕실 인사들이 사랑한 와인이었다. 우리가 잘 아는 루이 14세 왕부터 피터 대왕 그리고 오스트리아의 유명 작곡가 요셉 하이든은 토카이 와인의 애호가로도 잘 알려져 있다. 그중 루이 14세는 특히나 토카이 와인을 사랑하여 "이 포도주는 군왕의 포도주이며 포도주의 군왕이다"라고 말한 기록이 있다.

+ Aszu(아수)
  헝가리 말로 '건조된(Dried)'이라는 뜻이며 토카이 와인은 '아수 와인'을 의미한다.

아이스 와인(아이스바인)

아이스 와인(Ice Wine)은 초겨울에 포도를 따서 만든 독일의 고급 와인으로 독일어로는 아이스바인이라고 한다. 섭씨 영하 7~12℃의 추운 날씨에 얼어서 당분이 농축된 포도를 사용하는데, 포도의 얼음 결정이 녹지 않도록 한밤중이나 새벽에 수확한다. 포도 한 알에서 3방울 정도의 즙만 나올 정도로 생산량이 적다. 또한 일일이 수작업을 해야 하고, 발효 기간도 길어서 주로 375ml나 500ml의 작은 병을 사용한다. 용량에 비해 가격이 비싼 이유다. 아이스 와인의 알코올 도수는 7~13%로 일반 와인과 비슷하지만, 당도가 높기 때문에 마실 때는 알코올이 훨씬 약하게 느껴진다. 포도 품종은 카베르네 프랑, 비달, 리슬링을 주로 사용하는데 샤르도네나 카베르네 소비뇽 품종을 사용하기도 한다. 독일에서는 주로 리슬링을 사용한다.

아이스 와인은 일찍 닥친 한파 때문에 얼어버린 포도를 수확해 만든 와인이 당도가 높다는 것을 우연히 알게 된 이후부터 생산되기 시작했으며 일부러 포도를 얼린 후 수확하기도 했다. 지금처럼 몇 달간 얼렸다 녹였다 하면서 당도를 더 높여서 수확하게 된 것도 1800년대 초반 독일의 라인 헤센 지역에서 우연히 시작된 것이다.

독일 와인의 최고급 등급 QmP(Qualitätswein mit Prädikat)

❶ 카비네트(Kabinett)
18세기에 처음으로 교회와 귀족의 후원을 얻어 우수한 와인에 대한 품질 표기가 시작되었고, 양질의 와인은 '카비넷(캐비닛)'에서 보관되었다. 오늘날 와인 등급의 하나인 카비네트도 여기서 유래됐다. 잘 익은 포도로 만든 부드러운 와인이다.

❷ 슈패트레제(Spätlese)
늦게 수확한 포도로 만든 와인으로 향이 풍부하다.

❸ 아우스레제(Auslese)
잘 익은 포도송이를 선택적으로 수확하여 만든 와인이다.

❹ 베렌아우스레제(Beerenauslese)
잘 익은 포도알을 손으로 수확하여 만든 와인이다(여기서 베렌은 영어로 베리(Berry)라는 뜻으로, 포도 한 알 한 알이라는 의미를 강조한 것이다).

❺ 아이스바인(Eiswein)
포도를 12월까지 수확하지 않고 포도나무에 그대로 두어 얼린 상태에서 수확하여 즙을 내서 만든 와인이다.

❻ 트로켄베렌아우스레제(Trockenbeerenauslese)
곰팡이균에 감염된 포도알을 건포도 수준에서 수확하여 만든 와인으로, 여기서 '트로켄'이란 '말랐다'는 의미이다.

건조시킨 포도로 만든 와인

이탈리아 베네토 지역의 포도를 사용해 와인을 만드는 생산 방식 중 독특한 방법이다. 잘 익은 포도를 손으로 수확해 나무 받침대 또는 바람이 잘 통하는 곳에서 자연 건조한다. 포도가 쭈글쭈글해질 정도로 건조되면 와인을 만든다.
이탈리아 베네토 지역에서는 '레치오토(Recioto)'라고 하며, 다른 지역에서는 '파시토(Passito)', 프랑스 쥐라 지방에서는 '뱅 드 파이유(Vin de Paille)'라고 한다.

레치오토(파시토 Passito)

'레치오토'는 베네토 지역에서 사용하는 용어로 다른 지역에서는 '파시토'라고 부른다. 포도를 수확해서 통풍이 잘 되는 방에 짚방석이나 대나무 발을 깔고, 그 위에 포도송이를 널거나 매달아서 몇 개월간 반건조시키면 수분이 증발하여 당도가 높아지고 풍미가 증가한다. 이때 즙을 짜서 오크통에 넣고 발효한다. 오크통을 완전히 채우지 않고 몇 년간 숙성시키면 숙성 과정에서 산소 접촉을 통해 독특한 아로마와 황금빛의 달콤한 와인이 만들어진다. 아로마는 견과류, 캐러멜, 코코아, 말린 과일향이 풍겨 매력적이면서 농밀함을 느낄 수 있다. 신선한 과일향을 선호하는 경우 다소 올드하다는 평가를 내릴 수 있다.

- Passito(이탈리아어) : 너무 익은 포도로 만든 포도주

빈산토(Vin Santo)

이탈리아의 토스카나 및 움브리아 지역에서 겨울 동안 실내에서 말린 포도로 만든 스위트한 와인으로, 대표적인 디저트 와인이다. 그러나 빈산토의 원조는 그리스의 산토리니 섬이다. 산토리니는 청동기 시대부터 다양한 와인을 생산했는데 그중에서도 빈산토 와인이 특히 유명하다. 원산지를 표시하기 위해 섬의 이름인 산토리니 와인이라는 뜻의 '비노 산토(Vino Santo)'라 불렀고, 나중에 빈산토라는 이름으로 굳어졌다.

아마로네(Amarone)

아마로네는 이탈리아 발폴리첼라 지역에서 생산되는 고급 와인으로, 적포도를 대나무 발에서 3~4개월간 건조해 무게를 40% 정도로 줄여 만든 레드 와인이다. 아마로네는 이탈리아어로 '쓰다'라는 뜻의 아마르(Amare)에서 파생되었으며, 포도즙의 당분이 모조리 발효되어 우연히 발견한 쓴맛으로 인해 탄생된 와인이다. 아마로네 와인의 주 포도 품종은 과일향의 코르비나(Corvina), 짙은색을 내는 론디넬라(Rondinella), 적당한 산도를 지닌 몰리나라(Molinara)이다.

아마로네 와인은 매우 진한 루비색이며 딸기향과 체리향, 코코아향이 강하게 느껴지고 조화로운 산도와 타닌의 향이 느껴진다. 아마로네는 3~4년 숙성 또는 약 10년 이상 숙성된 것의 품질이 가장 좋다. 동부 유럽에서 선호하는 와인이며 육류 요리와 환상적인 궁합을 보여준다.

아파시멘토(Appassimento) 기법 와인의 특징

포도 수확을 늦추면서 포도를 나무에 오래 매달아 놓거나, 수확한 포도를 그늘에서 3~4개월 건조해 당분과 향미를 농축시키는 과정을 말한다. 자연 건조 과정에서 포도 자체의 무게가 약 25~40% 정도 줄어들지만 맛과 향이 아주 진해진다는 특징이 있다.

🍷 주정강화 스위트 와인

와인에 브랜디나 알코올을 첨가하여 도수를 높인 와인으로 설탕이 일부 그대로 남아있다. 일반 와인의 알코올 도수가 12~15% 정도인데 비해 알코올 도수가 18% 이상에서 20% 전후이며 에탄올이 추가로 첨가되어 도수가 높아졌기 때문에 그렇지 않은 와인에 비해서 보존성이 좋다.

포트 와인(Port wine)

포트 와인은 와인의 발효 공정에서 일정량의 브랜디를 첨가하여 알코올 함량을 18~20% 정도 높인 알코올 강화 와인이며, 단맛이 강한 것이 특징이다.

"와인은 이 세상에서 가장 고상한 것이다."

– 헤밍웨이

part 5

주정강화 와인

주정강화 와인

주정강화 와인이란?

주정강화 와인(Fortified Wine)은 와인 주조 과정 중에 브랜디(포도 증류주)를 첨가한 와인을 말하며, 어원인 'Fortify'는 '강화하다'라는 의미로 와인에 추가로 알코올을 첨가하여 알코올 도수를 강화한 와인을 말한다.

일반 와인의 알코올 도수는 13~14%가 보통이고, 높아야 14~15% 정도이다. 일반 와인의 알코올 도수는 15%를 초과하기 어려운데 그 이유는 크게 두 가지가 있다. 첫째, 포도의 당분을 효모가 먹고 알코올을 만들어 낸 결과물이 와인인데, 포도는 알코올 도수 15%를 넘을 정도의 당분을 만들어내지 못하기 때문이다. 둘째, 알코올 도수가 15%를 넘어가면 효모의 활동이 점점 느려지면서 결국은 움직이지 못해 알코올을 만들지 못하기 때문이다. 그래서 일반 와인에 알코올이나 브랜디를 첨가하여 알코올 도수를 높인 것이 주정강화 와인이다.

 이탈리아 주정강화 와인

마르살라 와인

마르살라(Marsala) 와인은 리버풀 출신 무역상이었던 존 우드하우스에 의해서 처음 탄생했다. 그는 마르살라에서 로컬 농부들이 만들던 와인을 맛보게 되는데, 그 와인에서 당시 영국에서 유행하던 포트 와인, 마데이라 와인과 매우 비슷한 특징을 찾아내었다. 그는 영국까지 배송하는 동안 와인이 상할 것을 걱정하여 약간의 브랜디를 첨가했고, 이는 이미 스페인과 포르투갈산 주정강화 와인에 빠져있던 영국인들에게 폭발적인 인기를 끌었다.

마르살라 와인의 맛과 향

마르살라 와인을 만드는 대표적인 청포도 품종으로는 그릴로(Grillo), 인졸리아(Inzolia), 카타라토(Catarratto) 등이 있다. 마르살라 와인에서 발견되는 맛과 향들은 다양하며 옅은 살구향부터 바닐라, 견과류, 감초, 담뱃잎 등 그 범위도 넓다. 이러한 풍미는 마르살라 와인의 색에 따라서도 다르게 나타나는데 짙은 호박색의 마르살라 와인은 청포도 고유의 향과 견과류 향을 풍긴다.

마르살라 와인의 종류

마르살라 와인은 보통 15~20% 정도의 알코올을 함유하고 있으며 색, 당도, 숙성 기간 등에 따라 구분한다. 각각의 종류에 따라 사용하는 품종과 제조 방법이 다르다. 색에 따라 금색, 호박색, 루비색 이렇게 세 가지로 구분한다. 금색과 호박색을 띠는 마르살라 와인은 그릴로, 카타라토, 인졸리아 등 화이트 품종으로 양조한다. 루비색을 띠는 마르살라 와인은 페리코네(Perricone), 네로 다볼라(Nero d'Avola), 네렐로 마스칼레제(Nerello Mascalese) 등 레드 품종을 중심으로 양조하며, 30%까지 화이트 품종을 블렌딩할 수 있다.

프랑스 주정강화 와인

뱅 두 나뛰렐

뱅 두 나뛰렐(Vin Doux Naturel)은 프랑스를 대표하는 천연 감미 와인이며 주정강화 와인이다. 포트 와인과 마찬가지로 발효가 진행되는 와인에 알코올을 첨가해 발효를 중지시켜 포도당이 알코올로 변하는 것을 멈추게 한다. 따라서 잔류한 당분에 의해 감미를 느낄 수 있으며, 첨가된 알코올 덕분에 알코올 도수가 일반 와인보다 15~18%로 높은 편이다. 이때 발효를 중지시킬 때 첨가하는 알코올은 반드시 무색 투명한 알코올 오드비(Eau De Vie : 숙성되지 않은 무색의 포도 증류주)이어야 한다.

스페인 주정강화 와인

🍷 셰리 와인

셰리 와인(Sherry Wine)**의 역사**

영국과 프랑스의 백년 전쟁을 통해 셰리 와인이 본격적으로 와인 역사에 등장한다. 셰리 와인이 역사에 등장한 것은 영국 덕분이다. 백년 전쟁으로 프랑스에서 와인 수입이 곤란해진 영국은 아랍인을 몰아낸 이베리아 반도의 헤레스 지역에 관심을 가지게 된다. 그리고 14세기 전반, 헤레스 지역의 와인은 영국으로 본격적으로 수출되며 성장세를 가져간다. 따라서 이 헤레스라는 이름은 자연스럽게 영어식으로 발음되어 '셰리' 와인이 된 것이다. 셰리 와인은 포르투갈의 포트 와인, 마데이라 와인과 함께 세계적으로 인기 있는 스페인의 대표 주정강화 와인이다. 생산량은 스페인 와인 전체의 4% 밖에 안 되지만, 오래전부터 영국 상인들에 의해 세계적으로 유명해진 대표적인 식전주이다. 드라이한 타입이 대부분이고 스위트한 것도 일부 생산된다.

앞서 언급했듯이 '셰리 와인'의 명칭은 생산 지역인 스페인의 '헤레스 데 라 프론테라'에서 유래됐는데, 헤레스(Jerez)가 변형되어 영어로 셰리(Sherry), 불어로는 셰레스(Xeres)가 되었다. 스페인의 DO(원산지 표기)에는 세 가지 명칭을 모두 넣어서 Jerez-Xeres-Sherry로 표기한다.

🍷 지역적 환경과 셰리 와인의 유래

헤레스 데 라 프론테라 지역은 일조량이 너무 많아서 문제였다(1년에 300여 일 정도). 일조량이 너무 많은 환경에서 포도를 수확하니 알코올 함량이 높고 산도는 너무 낮은 와인이 만들어졌다. 어느 날 화이트 와인을 만든 후 큰 오크통에 넣고 숙성시키던 중 실수로 가득 채우지 못하여 공기가 들어가는 일이 생겼다. 이때 와인 표면에 효모막이 생겼는데, 이 효모막은 당분을 알코올로 변화시키는 효모가 아니라 알코올을 분해하여 알데하이드라는 향기 물질을 만들어 내는 효모였다. 이로 인해 셰리 와인은 특유의 향기를 지니게 되었으며, 이 향기는 갓 구운 따뜻한 빵에서 나는 냄새처럼 식욕을 자극하는 효과가 있어서 식전주로 즐기게 되었다.

솔레라 시스템

셰리 와인은 솔레라(Solera)라는 독특한 시스템으로 숙성된다. 이는 연속으로 진행되는 블렌딩 방법으로 오직 스페인 최남단 헤레스 지역에서만 사용되고 있다.

셰리 와인이 들어 있는 오크통을 매년 피라미드처럼 쌓아 올리고(내용물이 위에서 아래로 통하게 되는 구조) 제일 아래의 통에서 와인을 따라내면 중력에 의해 위에서 점차 아래쪽 통으로 흘러내리며 블렌딩되는 방식이다. 매년 아래쪽 통의 오래된 와인을 따라서 병입하고, 새로 담근 와인은 제일 위의 통에 넣는다. 이렇게 하면 맛이나 품질에 급격한 변화가 생기지 않아서 와인 제조 회사별로 고유의 스타일을 유지할 수 있다고 한다. 그래서 셰리 와인은 빈티지가 있을 수 없고, 숙성 기간도 평균적으로 산출된 것이다.

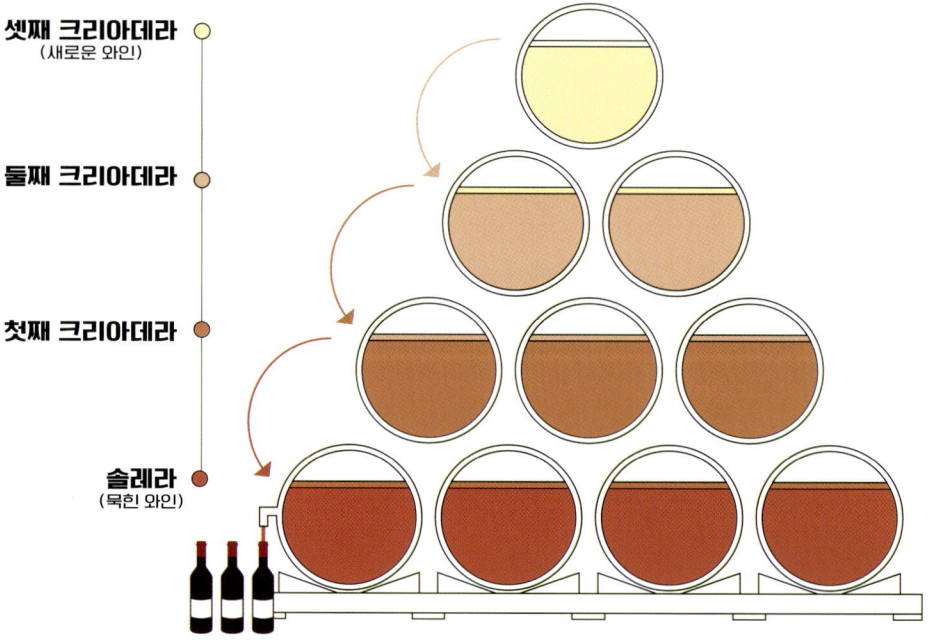

🍷 셰리 와인의 제조와 분류

피노(Fino)

수확한 포도를 착즙할 때 처음에 나오는 주스로 만드는 와인을 피노라고 한다. 이 주스를 발효시켜 화이트 와인을 만든 후 오크통에서 숙성하는데, 와인을 통에 가득 채우지 않고 공기를 유입하여 효모막을 생성시켜 특유의 향을 지니게 한다. 그 후 알코올(브랜디)을 더해 알코올 농도를 15.5% 정도로 맞추고 숙성한다. 스페인 셰리 와인의 80% 이상이 피노 타입이다.

올로로소(Oloroso)

피노와 함께 스페인 셰리 와인의 대표적인 스타일이다. 화이트 와인을 만든 후 바로 알코올을 더해 알코올 농도를 18% 정도로 맞추고 밀봉하여 보관한다. 올로로소는 효모막이 생성되지 않는 셰리 와인인 셈이다. 또한 크림 셰리(Cream Sherry)의 원료로 많이 사용된다.

+ 크림 셰리
　부드럽고 달콤한 타입의 셰리 와인을 총칭한다. 알코올은 19% 정도이며 12~14% 정도의 당도를 가지고 있다.

아몬티야도(Amontillado)

피노처럼 첫 주스를 발효시키지만, 숙성을 좀 더 오래 지속하고 알코올 농도를 16~18%로 올린 것이다. 색이 짙고 향이 강한 특징이 있다.

만자니아(Manzanilla)

첫 주스를 대서양 연안의 도시 산루카르데바라메다(Sanlúcar de Barrameda)에서 발효, 숙성시킨 것이다. 바닷바람의 영향을 받아서 약간 짠맛이 나는 듯한 자극성을 띤다.

셰리 와인을 마시는 방법

대부분의 와인이 그렇지만 셰리 와인도 마개를 열면 신선함이 사라지므로 그 자리에서 모두 마시는 것이 좋다.
❶ 피노는 차게 해서 식전주로 마신다. 조개류, 새우, 생선 수프와 잘 어울린다.
❷ 드라이한 올로로소는 스페인에서는 보통 스포츠 드링크로 많이 마신다.
❸ 크림 셰리는 쿠키나 케이크 등과 잘 어울린다.
❹ 아몬티야도는 치즈, 소시지, 햄 등과 잘 어울린다.
❺ 만자니아는 식전주 혹은 구운 생선 등과 잘 어울린다.

포르투갈 주정강화 와인

포트 와인

포트 와인(Port Wine)은 와인의 발효 공정에서 일정량의 브랜디를 첨가하여 알코올 함량을 18~20% 정도 높인 주정강화 와인이다. 단맛이 강하고 알코올 함량이 높기 때문에 몸을 따뜻하게 해주는 특징이 있다.

포트 와인은 일반 와인보다 발효 기간이 짧다. 따라서 포도 껍질과 씨앗에 함유된 주성분들의 파괴를 막기 위해 라가레스(Lagares)라는 화강암으로 만든 낮은 통에 사람들이 직접 들어가 발로 포도를 으깨는 전통적인 방법을 사용하고 있다.

포도 품종

포트 와인을 만드는데 100개가 넘는 포도 품종이 쓰일 수 있지만, 아래의 다섯 개 품종이 주로 사용된다.

- 띤따 바호카(Tinta Barroca)
- 띤따 차오(Tinta Cao)
- 띤따 호리스(Tinta Roriz)
- 또우리가 프란세자(Touriga Francesa)
- 또우리가 나씨오날(Touriga Nacional)

포트 와인의 특성

포트 와인은 강화하지 않은 포도주보다 진하고 달며 알코올 함량이 높다. 이는 포도주 발효 과정 중에 아구아르덴트 비니카(증류 포도주)를 첨가하는 강화를 통해 모든 당분이 알코올 성분으로 분해되기 전에 발효를 멈추기 때문인데, 그 결과 알코올 함량은 19~20%가 된다. 영미권에서는 포트 와인을 디저트 와인으로 분류해 식후주로 내는 경우가 많으며 치즈, 견과류, 초콜릿 등을 곁들여 먹는다. 토니 포트나 화이트 포트는 식전주로 내기도 한다.

🍷 포트 와인의 분류

화이트 포트(포르투 브랑쿠 Porto Branco)
- 청포도로 양조한다.
- 식전주로 주로 마시며 일반적으로 드라이하다.
- 알코올 도수는 16.5% 정도로 보통의 토니 포트(18~20%)보다 낮다.

루비 포트(Ruby Porto)
- 루비색을 띤다.
- 2~3년 동안 숙성한다.
- 산화 특성이 적다.
- 과실향이 난다.
- 초대형 오크통이나 스테인리스 탱크에서 숙성한다.

토니 포트(Tawny Porto)
- 황갈색을 띤다.
- 5~6년 동안 소형 오크통에서 숙성한다.
- 루비 포트보다 강한 산화가 특징이다.
- 숙성된 루비 포트와 화이트 포트를 블렌딩한다.
- 견과류의 풍미를 지닌다.

빈티지 포트(Vintage Porto)
- 특정 연도의 포도로 생산하는 루비 포트이다.
- 병에서 장기 숙성한다.
- 장기 숙성이 가능한 고급 와인이다.

꼴라이따(Colheita)
- 단일 연도의 포트 와인을 7년 이상 숙성 후 병입한 와인이다.
- 모든 꼴라이따는 토니 포트이다.

장기 숙성형 토니 포트(Tawny Porto)
- 토니 포트를 오크통에서 장기 숙성한 와인이다.
- 10년, 20년, 30년, 40년 숙성 후 병입한 토니 포트를 에이지드 토니(Aged Tawny)로 구분한다.
- 100년 이상 숙성된 토니 포트는 포트 와인에서 최고급 와인으로 분류한다.

마데이라 와인

마데이라 와인(Madeira Wine)은 포르투갈 남서쪽에 위치한 마데이라 섬에서 생산되는 주정강화 와인이다. 과거 마데이라 섬은 대서양 항로의 중요한 보급지로, 아프리카를 거쳐 동북아시아로 와인을 수출했다. 오랜 운송 과정에서 와인들은 산소와 열에 노출되었고, 주정강화를 하지 않으면 와인이 상할 수밖에 없었다. 그래서 마데이라 섬의 사람들은 와인을 미리 산소와 열에 노출시키는 방법인 칸테이로스(Canteiros) 및 에스투파(Estufa) 방식을 고안했다. 이런 방식을 통해 만들어진 마데이라 와인은 환경 변화에도 안정적이며, 독특한 색과 풍미를 지닌다. 마데이라는 단맛이 없는 와인부터 달콤한 와인까지 생산된다. 마데이라 와인은 대부분 여러 수확 연도의 포도를 섞기 때문에 빈티지 표시가 없으나 포도 농사가 잘 된 해에는 빈티지 표시를 하기도 한다.

마데이라 와인의 생산 과정

마데이라 와인은 주로 화이트 품종의 포도가 사용되는데 포도 품종별로 와인 스타일이 다르다. 세르시알(Sercial)은 드라이, 베르데호(Verdejo)는 미디엄 드라이, 부알(Bual)은 미디엄 스위트, 말바지아(Malvasia)는 달콤한 와인으로 양조된다. 레드 와인 품종인 띤따 네그라(Tinta Negra)로 만든 마데이라 와인은 주로 요리용으로 쓰인다. 마데이라 와인을 만들 때는 알코올 도수 96%의 브랜디가 사용된다. 와인에 브랜디를 첨가하여 발효가 멈추는 시점에 따라 다른 맛을 내는데 브랜디를 일찍 첨가할수록 달고, 발효가 거의 끝날 즈음 첨가하면 단맛이 없다. 이처럼 발효 중지 시점에 따라 와인에 남은 당분량에 차이가 나며, 이 당분이 캐러멜화하는 정도에 따라 와인의 색이 달라진다.

이렇게 주정강화된 와인은 열처리 및 숙성 기간을 거친다. 전통적인 칸테이로스 방식에서는 와인을 70년 이상 된 나무통에 넣어 33~35℃로 온도가 높은 옥탑방에서 숙성시키며, 해가 지날수록 차례로 아래층으로 이동시켜 원하는 스타일의 마데이라 와인으로 완성한다.

현대적인 에스투파 방식에서는 숙성 기간을 줄이기 위해 45℃로 유지되는 스테인리스 스틸통 안에서 주정강화된 와인을 열처리 한 후 2~3년 동안 브라질산 새틴 나무통에서 숙성한다. 숙성 기간이 3년을 넘는 경우, 아주 오래된 나무통을 사용한다.

이런 숙성 과정은 마데이라 와인만의 독특한 색과 풍미를 만든다. 보통 새로 출시된 마데이라 와인은 감귤과 열대과일 풍미가 나고, 숙성된 마데이라 와인은 말린 과일, 양념류, 초콜릿 등의 풍미를 지닌다. 마데이라 와인은 주정강화, 산화, 열처리를 겪기 때문에 이 모든 과정을 잘 버틸 수 있는 산미를 지니고 있는지가 품질을 결정하는 중요한 기준이 된다. 대부분의 마데이라 와인은 달콤해도 침이 고일 정도로 산미가 높아 어떤 음식과도 함께 즐길 수 있다는 장점이 있다.

마데이라 와인의 음용

마데이라 와인은 오픈 후 1년 이상 마실 수 있고 1년 이후에도 품질이 유효한 경우가 많다. 와인은 반드시 세워서 보관해야 하며 냉장 보관을 추천하지만 상온에서 보관해도 큰 무리는 없다. 음용 온도는 달콤한 마데이라의 경우 16~17℃, 드라이한 세르시알은 12~13℃ 정도다.

"와인은 병에 담긴 시다."
– 로버트 루이스 스티븐스

part 6

와인 테이스팅

와인 테이스팅 준비하기

🍷 와인잔의 구조

립(Lip)
와인을 마실 때 입술이 닿는 부분을 립(Lip)이라 부르며, 입술이 닿는 부분은 얇을수록 좋다. 립의 굵기와 라인도 다양한데 이것은 와인을 마실 때 혀의 위치가 정확히 맞아 떨어질 수 있도록 제작된 것이다. 또한 립 부분은 보통 아래쪽 바디 부분보다 지름이 작은데 이는 와인의 향과 느낌이 금세 사라지지 않게 하기 위함이다. 특히 부르고뉴 지역의 와인을 마시는 글라스의 경우 립 부분의 지름이 바디 부분의 지름에 1/2 정도밖에 되지 않는다.

바디(Body)
와인이 담기는 곳이 바로 바디(Body)이다. 와인글라스의 바디(Body)가 아래쪽이 넓고 위로 갈수록 좁은 형태를 띠는 것은 과학적 근거에 따른 것이다. 와인이 공기에 노출되는 면적을 넓게 하여 와인을 부드럽게 만들고, 입구를 좁게 해서 와인의 향을 글라스 안에 잘 모아준다. 와인글라스에 색이나 무늬 등 장식이 없는 것은 와인의 색깔과 투명도를 제대로 가늠하기 위해서다.

스템(Stem)
와인을 마실 때는 와인글라스의 스템(Stem, 다리)을 잡는 것이 원칙이다. 이는 와인을 잘 보이게 할 뿐만 아니라, 바디 부분을 잡았을 때 와인의 온도가 올라가거나 지문이 묻는 것을 방지하기 위함이다. 그러나 최근에는 많은 사람들이 바디 부분을 잡고 마시는데(심지어 프랑스의 와인 관계자들도), 와인을 자신의 취향에 맞게 즐기기 위함이라며 크게 신경 쓰지 않는다. 하지만 시원하게 즐기는 화이트 와인이나 샴페인의 경우 스템을 잡는 것이 일반적이다.

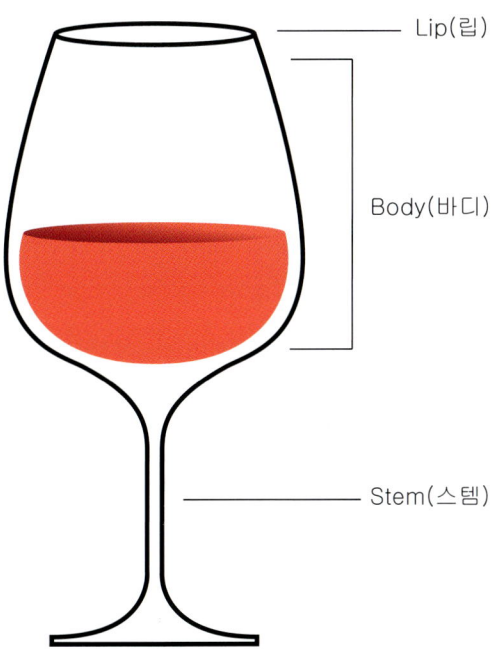

와인 테이스팅 순서

🍷 와인 테이스팅 순서와 방법

화이트 와인을 먼저 마시고 그다음에 레드 와인 순서로 테이스팅을 진행한다.

① **시각적 관찰 : 1차**(와인 스월링 전)

와인의 색깔, 농도, 투명도 등을 확인하는 단계이다.

② **후각적 관찰 : 1차**(와인 스월링 전)

포도 품종 고유의 아로마를 느낄 수 있으며 주로 과일향, 꽃향, 허브향이 난다.

③ **시각적 관찰 : 2차**(와인 스월링 후)

와인을 스월링하며 색깔과 점도를 확인한다. 이때 시선과 와인글라스는 동일선상에 두고 확인한다.

④ **후각적 관찰 : 2차**(와인 스월링 후)

오크통 숙성과 병 숙성에 따른 아로마를 느낄 수 있으며 숙성 정도를 확인할 수 있다.

⑤ **미각적 관찰**

와인의 드라이 정도와 산도, 타닌, 바디감, 밸런스 등을 확인하는 단계이다.

⑥ **기록 및 결론**

와인 테이스팅 결과를 기록하는 단계이다.

시각 : 색깔 & 농도 & 투명도

후각 : 향

시각 : 색깔 & 점도

후각 : 향

미각 : 드라이 ▶ 산도 ▶ 타닌 ▶ 바디 ▶ 밸런스

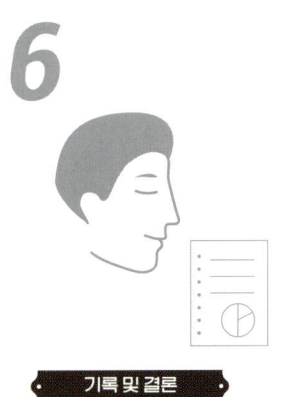
기록 및 결론

와인의 시각적 관찰

와인의 색

먼저 눈으로 와인의 색깔과 투명도를 확인하는데 와인의 색은 빈티지(포도 수확기), 와인 종류, 숙성 기간, 스타일에 따라 다르기 때문이다. 또한 와인글라스에 와인을 따를 때에는 약 1/3 정도만 채우며 절대 와인글라스의 절반 이상을 넘지 않도록 한다. 와인의 투명도를 살피기 위해서는 와인글라스를 들어 흰 백지에 비추어 보거나, 밝은 빛에 비추어서 와인의 색을 보아야 한다. 이를 통해 와인이 맑은지 뿌연지를 알 수 있다. 맑은 색으로 반짝거리며 빛이 난다면 와인의 상태가 좋은 것이지만, 흐리거나 뿌연 그림자가 있다면 와인이 오래되었거나 보관상태가 좋지 않다는 것을 알 수 있다.

와인의 투명도(Clarity)

와인이 투명하고 신선한지, 반짝반짝 빛이 나는지 혹은 혼탁한지를 구분한다. 와인의 색이 혼탁하다면 변질되었을 가능성이 높다.

와인의 농도(Intensity)

와인의 색이 짙은지 옅은지를 알아보는 과정이다. 화이트 와인은 엷은 노란색에서 짙은 황금색을 띤다. 레드 와인의 농도는 불투명한 색에서 투명한 색까지 있는데, 오래된 와인일수록 와인글라스의 끝부분을 보면 약간 갈색빛을 띤다.

🍷 화이트 와인

짚색 Straw

리슬링(Riesling)
모스카토(Moscato)
알바리뇨(Albarino)

노란색 Yellow

소비뇽 블랑(Sauvignon Blanc)
그뤼너 벨트리너(Gruner Veltliner)
세미용(Semillon)
숙성된 리슬링(Riesling)

금색 Gold

슈냉블랑(Chenin Blanc)
숙성된 샤르도네(Chardonnay)
트레비아노(Trebbiano)

호박색 Amber

셰리(Sherry)
토카이 아수(Tokaji Aszu)
토니 포트(Tawny Port)

레드 와인

분홍색 Pink

방돌 로제(Bandol Rosé)

그르나쉬 로제(Grenache Rosé)

따벨 로제(Tavel Rosé)

보라색 Purple

가메이(Gamay)

말벡(Malbec)

시라(Petite Sirah)

루비색 Ruby

피노 누아(Pinot Noir)

템프라니요(Tempranillo)

카베르네 소비뇽
(Cabernet Sauvignon)

석류색 Garnet

브루넬로 디 몬탈치노
(Brunello di Montalcino)

숙성된 바롤로(Barolo)

와인의 후각적 관찰

🍷 와인의 향(Aroma)

와인의 향은 아로마(Aroma)와 부케(Bouquet)로 구분되며, 양조 과정과 숙성 과정에서 다양한 향이 만들어진다. 이 향을 1차, 2차, 3차 향으로 나누어 설명할 예정이다. 와인의 향을 맡을 때 와인글라스를 돌리면(와인 스월링) 공기 접촉으로 인해 와인이 더 신선하게 만들어지며 와인 속에 숨어 있던 여러 가지 아로마와 부케를 발산하게 해준다.

🍷 와인의 향 vs 와인의 맛

"와인은 맛이 아니라 향이다."

와인의 향은 약 1,000여 가지가 된다고 한다. 와인의 향(Aroma)은 맛(Taste)과는 다르게 후천적인 노력에 따라 매우 다른 결과를 가져오며 와인 아로마 훈련을 통해 와인을 보다 입체적으로 즐기고 자신의 취향을 알아갈 수 있다.

우리가 종종 간과하기 쉬운 부분은 흔히 '맛 좋은 와인'이라고 하면 대부분은 와인의 향을 말하는 것이다. 물론 와인의 특징을 정의할 수 있는 방법은 매우 다양하지만, 와인이 갖고 있는 고유의 향이야말로 와인의 정체성을 가장 잘 보여주는 신분증과 같은 역할을 한다. 종종 잘못된 양조 과정이나 보관, 운송 등으로 와인의 향이 변질되거나 온전히 발현되지 못해 원래의 와인이 가지고 있는 가치만큼 충분히 평가받지 못하는 경우가 있다.

한국에서도 와인 애호가들의 기호가 다양하고 세분화되면서 보다 전문적인 테이스팅 기법이 중요해지고 있다. 즉 와인을 제대로 이해하기 위해서는 궁극적으로 와인 아로마에 대한 이해가 선행되어야 한다.

🍷 와인 향의 종류

1차 향 : 포도가 가지고 있는 고유의 향

  1) 과일향

  감귤류(레몬, 라임, 자몽), 멜론, 구아바, 파인애플, 복숭아, 풋사과, 청포도, 딸기, 체리, 블랙커런트, 블랙베리, 자두, 나무딸기

  2) 꽃과 야채향

  아카시아, 장미, 라벤더, 제비꽃, 피망, 민트, 허브

  3) 광물향

  요오드, 부싯돌, 석유, 페트롤

2차 향 : 발효와 양조 과정을 거치면서 발생하는 향

이스트, 잼, 허브, 말린 과일, 토스트, 바닐라, 오크, 젤리, 과자

3차 향 : 와인이 숙성되면서 생겨나는 향

담배, 토스트, 바닐라, 커피, 후추, 계피, 감초, 헤이즐넛, 떡갈나무, 백향목, 연기, 화학적인 물질, 향신료, 가죽이나 사향, 송로버섯, 나무 이끼, 동물

향의 종류	세부적인 향
과일 계열	열대과일 : 바나나, 파인애플, 망고, 리치, 멜론, 구아바, 코코넛, 패션프루트 등 감귤류 : 레몬, 라임, 자몽, 오렌지 등 붉은 과일 : 자두, 레드체리, 딸기, 라즈베리, 크랜베리, 석류, 산딸기 등 검은 과일 : 블랙체리, 블랙커런트, 블랙베리, 블루베리, 흑자두, 무화과 등 하얀 과일 : 멜론, 백도, 배, 사과 노란 과일 : 살구, 천도복숭아, 모과, 자두, 복숭아 등 말린 과일 : 말린 자두, 건포도, 말린 살구, 말린 무화과 등 조리한 과일 : 딸기잼, 오렌지 마멀레이드, 사과파이, 익힌 과일, 모과 젤리 등
꽃 계열	장미, 제비꽃, 아카시아, 라일락, 오렌지꽃, 아이리스, 재스민, 카네이션, 모란, 바이올렛 등
향신료 계열	후추, 계피, 아니스, 정향, 바닐라, 육두구, 고수, 카레, 생강, 월계수, 흰 후추, 검은 후추, 감초, 파프리카 가루 등
오크 계열	오크 향, 부가적으로 훈연 향
토양 계열	젖은 흙, 부엽토, 낙엽, 버섯, 이끼, 관목(덤불), 먼지 등
동물 계열	가죽, 사향, 두엄, 사냥으로 잡은 야생동물 등
미네랄 계열	으깬 돌, 부싯돌, 연필심, 염분(나트륨), 철분, 숯, 백악(분필), 자갈, 석유, 요오드, 화약, 규석 등
허브 계열	라벤더, 바질, 로즈메리, 민트 등
채소 ｜ 초목류	아스파라거스, 샐러리, 피망, 완두콩 등
견과류 계열	아몬드, 호두, 헤이즐넛 등

 # 와인 아로마와 후각 트레이닝

후각 트레이닝 개요

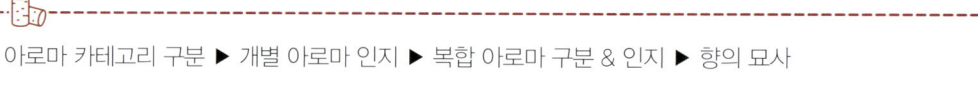

아로마 카테고리 구분 ▶ 개별 아로마 인지 ▶ 복합 아로마 구분 & 인지 ▶ 향의 묘사

전 세계 아로마 전문가들에 의하면 후각인지 능력을 익히는 요령은 기존에 기억되어 있는 향기의 범주에 새로운 향의 패턴을 맞추는 법을 배우는 것이라고 한다. 즉 각각의 향기에 대한 자신만의 뉘앙스를 적어보고 그 향을 기억하는 것이다. 작은 향의 차이를 예민하게 기억하는 게 가장 중요한 역할을 담당한다.

🍷 와인 아로마 기준

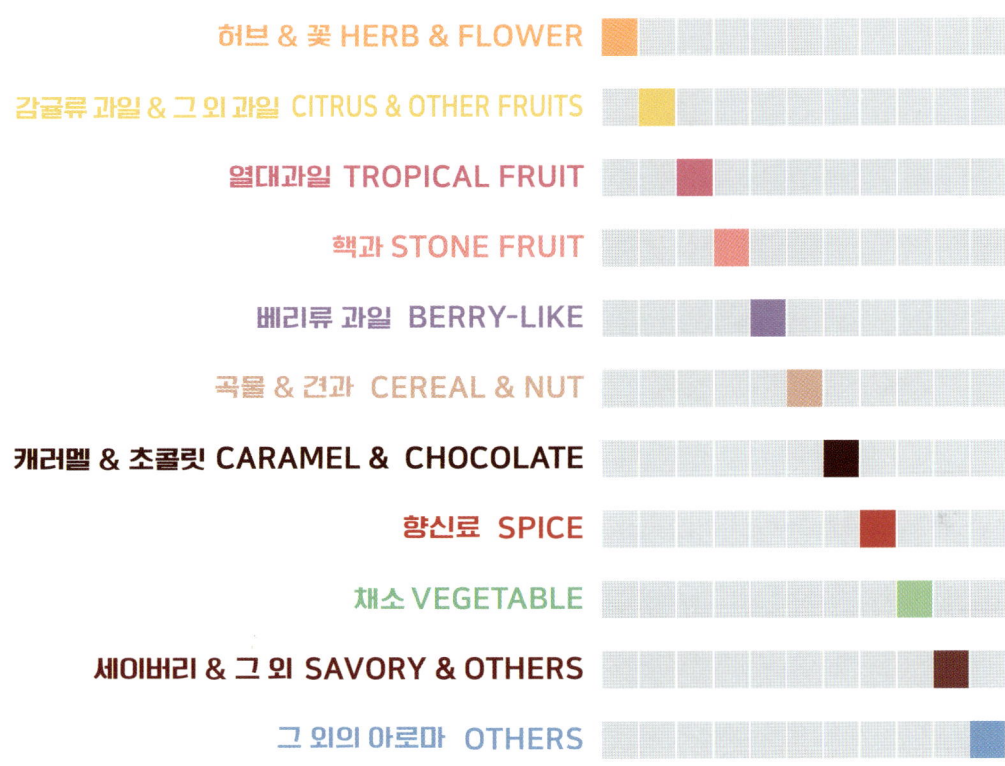

🍷 초급 단계 : 카테고리별 구분

아로마 카테고리별(향기군) 향의 차이를 인지하고 익숙해진다. 주요 카테고리별 훈련이 끝나면 와인 아로마 구분 (1차 향 Primary, 2차 향 Secondary, 3차 향 Tertiary)을 진행한다.

카테고리 1 : 허브 & 꽃

HERB & FLOWER

1 블랙티 BLACK TEA	2 캐모마일 CHAMOMILE	3 장미 ROSE	4 재스민 JASMIN
5 제라늄 GERANIUM	6 녹차 GREEN TEA	7 페퍼민트 PEPPERMINT	8 티트리 TEA TREE
9 백합 LILY	10 제비꽃 VIOLET	11 산사나무 CRATAEGUS	12 펜넬 FENNEL
13 아카시아 ACACIA	14 엘더플라워 ELDERFLOWER	15 라벤더 LAVENDER	16 베르가못 BERGAMOT
17 히비스커스 HIBISCUS	18 유칼립투스 EUCALYPTUS	19 세다 우드 CEDAR WOOD	20 소나무 PINE

카테고리 2 : 감귤류 과일 & 그 외 과일

CITRUS & OTHER FRUITS

| 21 자몽 GRAPEFRUIT | 22 오렌지 ORANGE | 23 레몬 LEMON | 24 라임 LIME |

25 만다린 MANDARIN
26 유자 CITRON(YUJA)
27 모과 CHINESE QUINCE
28 석류 POMEGRANATE

29 배 CHINESE PEAR
30 사과 APPLE
31 알로에 ALOE
32 초산 ACETIC ACID

33 부티르산 N-BUTYRIC ACID
34 이소발레르산 ISOVALERIC ACID
35 와인 WINEY
36 위스키 WHISKY

37 럼 RUM

카테고리 3 : 열대과일

TROPICAL FRUIT

38 키위 KIWI	39 리치 LYCHEET	40 구아바 GUAVA	41 망고스틴 MANGOSTEEN
42 망고 MANGO	43 바나나 BANANA	44 코코넛 COCONUT	45 아보카도 AVOCADO
46 수박 WATER MELON	47 파파야 PAPAYA	48 열대과일 TROPICAL FRUITS	49 파인애플 PINEAPPLE
50 멜론 MELON	51 패션프루트 PASSION FRUIT		

카테고리 4 : 핵과

STONE FRUIT

아세로라
ACEROLA

체리
CHERRY

다크체리
DARK CHERRY

복숭아
PEACH

살구
APRICOT

무화과
FIG

카테고리 5 : 베리류 과일

BERRY-LIKE

블랙베리	라즈베리	블루베리	딸기
BLACKBERRY	RASPBERRY	BLUEBERRY	STRAWBERRY

크랜베리	아사이베리	블랙커런트	청포도
CRANBERRY	ACAI BERRY	BLACKCURRANT	WHITE GRAPE

머스캣 포도	적포도
MUSCAT	RED GRAPE

카테고리 6 : 곡물 & 견과

CEREAL & NUT

68 맥아 MALT	69 옥수수 CORN	70 참기름 SESAME OIL	71 팥 RED BEAN
72 피스타치오 PISTACHIO	73 아몬드 ALMOND	74 땅콩 PEANUT	75 잣 PINE NUT
76 헤이즐넛 HAZELNUT	77 호두 WALNUT	78 고구마 SWEET POTATO	79 누룽지 SCORCHED RICE

카테고리 7 : 캐러멜 & 초콜릿

CARAMEL & CHOCOLATE

80 메이플시럽 MAPLE SYRUP	81 카라멜 CARAMEL	82 꿀 HONEY	83 바닐라 VANILLA
84 바닐린 VANILLIN	85 흑설탕 BROWN SUGAR	86 원두 커피 ROASTED COFFEE BEAN	87 밀크 초콜릿 MILK CHOCOLATE
88 다크 초콜릿 DARK CHOCOLATE	89 카카오 CACAO	90 연유 CONDENSED MILK	91 크림 CREAM
92 버터 BUTTER	93 요거트 YOGURT	94 감초 LICORICE	

카테고리 8 : 향신료

SPICE

95 팔각 STAR ANISE	96 육두구 NUTMEG	97 시나몬 CINNAMON	98 정향 CLOVE
99 카다몬 CARDAMON	100 커민 CUMIN	101 파이프 담배 PIPE TOBACCO	102 후추 BLACK PEPPER
103 마늘 GARLIC	104 생강 GINGER	105 커리앤더 시드 CORIANDER SEED	106 로즈마리 ROSEMARY
107 바질 BASIL	108 타임(백리향) THYME		

카테고리 9 : 채소

VEGETABLE

| 109 신선한 풀냄새 FRESH | 110 익힌 엽채류 DARK GREEN | 111 오이 CUCUMBER | 112 파프리카 PAPRIKA |

| 113 칡 KUDZU | 114 인삼 GINSENG | 115 버섯 MUSHROOM | 116 올리브 OLIVE |

| 117 감자 POTATO | 118 샐러리 CELERY | 119 토마토 TOMATO | 120 호박 PUMPKIN |

121 대추
JUJUBE

카테고리 10 : 세이버리

SAVORY & OTHERS

체더치즈
CHEDDAR CHEESE

간장
SOY SAUCE

머스터드
MUSTARD

마요네즈
MAYONNAISE

사향
MUSK

앰버(호박)
AMBER

스모크
SMOKE

세이버리 비프
SAVORY BEEF

구운양파
GRILLED ONION

구운김
ROASTED LAVER

건어물
DRIED FISH

카테고리 11 : 그 외의 아로마

OTHERS

133 약품같은 MEDICINAL	134 고무 RUBBER	135 구아이아콜 GUAIACOL	136 산패한 RANCID
137 레진 RESINOUS	138 가죽 LEATHER	139 매니큐어 NAIL POLISH	140 좀약 MOTHBALL
141 비누 SOAPY	142 이끼 MOSSY	143 퀴퀴한 냄새 MUSTY	144 흙냄새 EARTHY

🍷 중급 단계 : 개별 아로마 구분 & 인지

단일 향기를 구분하고 향의 뉘앙스 차이를 기억하여 개별 아로마에 대한 자신만의 인상을 갖는 과정이다. 반복 트레이닝을 통해 자신만의 뉘앙스(인상)를 가지게 된다.

🍷 고급 단계 : 복합 아로마 구분 & 인지 & 묘사

복합 향기를 구분하고 그 안에 포함된 단일 향기를 신속하게 찾아낼 수 있게 한다.

- 레드프룻 아로마 블렌딩
- 블랙프룻 아로마 블렌딩
- 향신료 아로마 블렌딩
- 레드프룻 & 블랙프룻 아로마 블렌딩
- 레드프룻 & 향신료 아로마 블렌딩
- 블랙프룻 & 향신료 아로마 블렌딩
- 레드프룻 & 블랙프룻 & 향신료 아로마 블렌딩

🍷 국제 와인 아로마 분류

1) 1차 아로마(Primary Aroma)

포도 품종별로 자체적으로 생겨나는 아로마이다.

2) 2차 아로마(Secondary Aroma)

양조 과정에서 생겨나는 아로마이다.

3) 3차 아로마(Tertiary Aroma)

오크통 또는 병 숙성에서 생겨나는 아로마이다.

와인 제조 중 아로마 생성

🍷 포도 품종별 아로마(화이트 와인)

샤르도네(Chardonnay)
청사과, 파인애플, 멜론, 레몬, 바닐라, 노란 사과, 스타프루트

슈냉 블랑(Chenin Blanc)
서양배, 노란 사과, 모과, 캐모마일, 벌꿀

게뷔르츠트라미너(Gewurztraminer)
리치, 자몽, 오렌지, 장미

리슬링(Riesling)
라임, 녹색 사과, 살구, 복숭아, 꿀, 재스민, 휘발유

소비뇽 블랑(Sauvignon Blanc)
구즈베리, 자몽, 레몬, 멜론, 복숭아, 패션프루트

세미용(Semillion)
복숭아, 레몬, 캐모마일, 꿀, 미네랄

비오니에(Viognier)
오렌지, 살구, 망고, 장미

🍷 포도 품종별 아로마(레드 와인)

카베르네 소비뇽(Cabernet Sauvignon)
블랙베리, 민트, 블랙커런트, 삼나무, 시가 박스, 흑연, 후추, 초콜릿

가메(Gamay)
석류, 신선한 딸기, 블랙베리, 제비꽃, 흙

그르나슈(Grenache)

자두, 딸기잼, 오렌지, 허브, 가죽

메를로(Merlot)

체리, 자두, 허브, 바닐라, 초콜릿

피노 누아(Pinot Noir)

체리, 산딸기, 크랜베리, 정향, 버섯, 바닐라

산지오베제(Sangiovese)

체리, 토마토, 발사믹식초, 오레가노, 커피

시라(Sirah)

블루베리, 블랙베리, 자두, 초콜릿, 후추, 담배

템프라니요(Tempranillo)

블랙체리, 토마토, 무화과, 흙설탕, 삼나무, 담배, 딜

진판델(Zinfandel)

딸기, 라즈베리, 블랙베리, 계피, 과일잼, 담배, 후추, 가죽

변질된 와인 아로마

식초, 흙, 고무, 석유, 양배추, 황, 생선, 젖은 모, 매니큐어 에나멜, 젖은 카드 보드, 강한 코르크 향, 곰팡이 냄새

🍷 와인 아로마 결점

트라이클로로아니솔(Trichloroanisole)
포도주의 코르크에 좋지 않은 냄새나 맛을 내는 트라이클로로아니솔은 또 다른 표현으로 '부쇼네(Bouchonne)' 또는 '콜키(Corky)'라고도 한다. 코르크가 오염된 것으로 젖은 골판지나 곰팡이 핀 지하실 냄새처럼 퀴퀴한 냄새가 나서 와인의 풍미를 감소시킨다. 와인 업계에서는 와인 총 생산량의 1% 정도가 이렇게 오염되는 것으로 파악하고 있지만, 2005년 2,800병을 대상으로 조사한 결과에 따르면 약 7% 정도로 생각보다 수치가 굉장히 높다.

산화(Oxidation) : 캐러멜, 토피향
와인 용어로 산화는 와인이 공기와 접촉할 때 발생하는 일련의 화학 반응을 의미한다. 산화는 와인이 주요 아로마인 과일 특성을 잃고 갈색을 띠게 만든다.

'산화된' 와인 스타일

어리고 신선하며 과일향이 강한 스타일의 와인을 선호하는 와인 메이커는 산소 접촉을 최소화하기 위해 추가적인 조치를 할 수 있다. 녹색을 띠는 뉴질랜드 소비뇽 블랑과 견고한 샤블리는 이러한 와인 메이킹의 전형적인 예시이다.
반면에 의도적으로 산화를 올리는 와인이 있는데 올로로소 셰리, 토니 포트 및 마데이라가 가장 전형적인 예다. 마데이라와 숙성된 토니 포트의 산화는 저장 중에 열과 결합하여 병에서 거의 파괴되지 않는다. 배럴 속에서의 장기간 산화 숙성은 종종 캐러멜, 토피, 구운 견과류 및 건과일의 풍부한 향을 만든다.

환원(Reduction) : 썩은 달걀 냄새, 삶은 양배추, 양파 냄새, 하수구 냄새
산화 방지를 위해 이산화황을 과도하게 많이 넣었을 때 와인의 향이 감소하는 현상이다. 이러한 현상을 '탈산소화'라고 부른다. 와인에서 마늘, 삶은 양배추, 썩은 달걀, 삶은 옥수수 또는 불에 탄 성냥 냄새가 나면 탈산소화일 수 있다. 이러한 향은 불쾌감을 주지만 보통 디켄팅을 하면 자연스럽게 사라지므로 환원 현상은 중대한 불량으로 취급하지 않고 있다.

이산화황(Sulfur Dioxide) : 성냥을 태운 매캐한 냄새
포도의 발효가 적정 알코올 농도에서 멈추게 하기 위해 사용되는 것이 이산화황이다. 이산화황은 와인에 주입되어 산화방지제, 살균제, 방부제 등의 역할을 하며 와인의 맛과 향이 변하는 것을 방지한다. 또한 병입 과정에서 생기는 박테리아나 와인에 불필요한 효모의 번식을 막는 역할을 한다.

휘발성 산(Volatile Acid) : **식초 또는 매니큐어 리무버 냄새**

모든 와인이 휘발성 산을 보유하고 있으며 그 정도가 낮을 때 와인이 보다 향기롭고 복합미가 있다. 휘발성 산이 높은 경우 식초 또는 매니큐어 리무버와 같은 향을 유발한다.

브렛(Brettanomyces) : **반창고, 뜨거운 비닐, 말땀 냄새**

플라스틱 또는 동물의 향을 유발하는 효모이다. 일부 소비자는 이런 특성을 즐기기도 하며 낮은 수준의 브렛은 결함이 아니다.

와인의 미각적 관찰

🍷 와인의 맛(Taste)

단맛(Sweet)

와인의 단맛을 느낄 수 있는 요소는 알코올 그 자체와 자연적으로 잘 익은 과일에서 느껴지는 풍미이다(드라이 와인은 포도의 모든 당분이 알코올로 변했기 때문에 단맛이 거의 없다). 대부분의 일반 와인에 들어 있는 8~14%의 알코올 함량은 단맛을 나타내는 요인이며, 단맛은 와인을 마실 때 가장 먼저 느끼는 맛이다. 주로 혀끝에서 감지되며 달콤한 맛, 부드러운 맛, 기분 좋은 맛을 가져다준다. 이런 맛들은 포도주의 잔류 당분과 질감(점도)에서 나온다. 와인 시음을 할 때는 '감미로움(달콤하고 부드러움)'이라고 표현한다.

단맛은 대부분의 사람에게 가장 거부감이 없는 유일한 풍미인데 찰싹 달라붙는 느낌, 휘감기는 느낌, 부드럽게 조화된 느낌을 말한다. 영어로는 스위트(sweet), 불어로는 므왈레(Moelleux)라고 표현한다.

짠맛(Salty)

와인에 염분이 포함되어 있더라도 실제로 짠맛을 느끼는 경우는 드물다. 또한 와인에서 우마미(Umami)가 느껴진다는 것은 와인의 감칠맛을 나타내는 단어로 글루타민산 나트륨의 풍미를 표현한다.

신맛(Acid)

와인에서 가장 중요한 산은 주석산과 사과산이 있는데 모두 포도에서 나오는 성분이다. 단, 온난한 지역에서 자란 포도는 포도 안의 산이 충분하지 못한 경우도 있다. 산미의 날카로움은 혀 윗부분에서 전반적으로 인식된다. 불쾌할 만큼 산미가 높으면 타액을 희석하는 경향이 있어서 수렴성을 약하게 느끼게도 한다. 산미가 적절한 와인은 입맛을 돌게 하며 타액의 분비를 도와서 마치 포도주스를 마시는 느낌을 준다.

산도(Acidity)

산도는 와인에 신선함을 더하고 상큼한 맛을 주는 필수적인 요소이다. 산도가 너무 높으면 와인이 시고, 너무 낮으면 와인의 맛이 밋밋해져서 향이 입안에 오래 머물지 않고 짧게 끝난다. 혀 양끝을 꽉 조이는 듯한 느낌을 주며 타액을 분비시키는 산도는 와인의 생명력을 의미한다.

화이트 와인의 산도

❶ 산도가 강한 경우 : 드라이함, 산뜻함, 짜릿함
❷ 산도가 보통인 경우 : 산뜻함, 짜릿함
❸ 산도가 낮은 경우 : 달콤함, 농밀함

쓴맛(Bitter)

잘 익지 않은 레드 와인 포도 품종에서 나오는 설익은 타닌은 와인의 쓴맛을 유발한다. 또한 레드 와인과 화이트 와인을 양조할 때 포도의 껍질과 씨를 으깨는 과정, 레드 와인 양조 과정에서의 지나친 추출 과정, 화이트 와인을 너무나 오랫동안 오크통에 보관하는 과정에서 쓴맛이 생겨난다. 그리 기분 좋은 맛은 아니며, 와인의 쓴맛은 거칠고 오래 지속된다. 산도가 있는 품질 있는 와인에서는 드문 맛이다.

타닌(Tannin)

레드 와인을 마시다 보면 종종 씁쓸하고 떫떠름한 자극을 느끼게 된다. 이는 포도에 함유된 타닌(Tannin)이라는 성분 때문이다. 타닌은 와인의 맛을 이야기할 때 가장 많이 등장하는 표현이다. 주로 포도의 껍질과 씨, 나뭇가지에서 추출되며, 과육에도 타닌이 있지만 아주 극소량으로 그다지 영향을 미치지 않는다. 또한 오크통에서 숙성될 때 나무에서 아주 극소량의 타닌이 나오기도 한다. 일반적으로 레드 와인을 만들 때 씨, 껍질, 가지가 많이 들어가면 타닌의 수준도 높아진다. 화이트 와인과 로제 와인은 타닌의 정도가 훨씬 적게 느껴진다.

장기 숙성이 가능한 최고급 레드 와인들은 대개 타닌을 많이 포함하고 있다. 타닌이 영할 때는 씁쓸하고 드라이한 자극을 이끌어내지만, 숙성을 거치면서 부드러워진다. 즉 좋은 와인을 너무 일찍 마시면 떫고 쓴맛이 강하게 느껴진다. 타닌은 와인을 장기간 보관하고 숙성시킬 수 있는 힘을 지니고 있다. 오래 숙성될수록 타닌은 부드러워지고, 영할 때 느껴졌던 거친 맛은 사라져버린다. 타닌이 곁들여짐으로써 와인 맛은 보다 복잡성을 띠는 것이다.

레드 와인의 타닌

❶ 높은 타닌 : 휘발성이 강한 쓴맛이 느껴지며 드라이하다.
❷ 낮은 타닌 : 부드러우며 마시기가 쉽다.

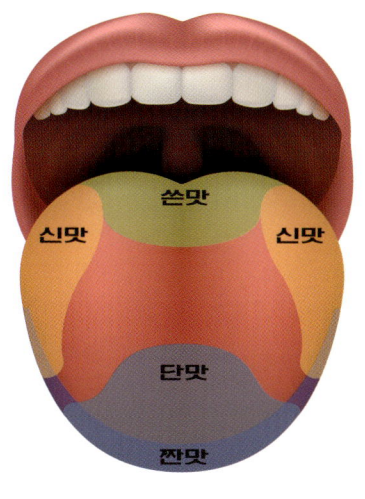
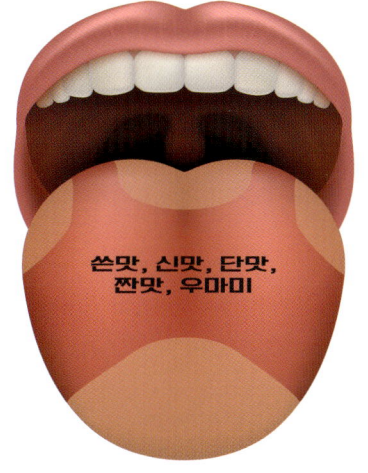

[과거의 정설]   [현재의 연구결과]

불과 수년 전까지만 해도 단맛은 혀의 앞부분, 쓴맛은 혀의 뒷부분, 신맛은 혀의 양쪽 가장자리, 짠맛은 혀의 앞쪽 가장자리에서 감지할 수 있다고 정설처럼 믿어져 왔다. 하지만 현재는 5가지 맛을 혓바닥 모든 부위에서 느낄 수 있으며, 혀의 중간 부분에는 아예 맛을 느끼지 못하는 미맹 부위가 존재하는 것으로 밝혀졌다. 우리가 미각에 대한 이런 최신 논리를 충분히 이해하지 못한 상태에서 와인 테이스팅을 한다면, 원치 않게 맛을 왜곡해서 느끼게 될 것이다.

풍미(Flavor)

풍미란 혀에서 느껴지는 맛에서 더 나아가 향, 시각, 식감까지 포함된 총체적인 맛을 뜻한다. 와인의 풍미(각 와인 고유의 맛)는 매우 다양하며, 와인마다 다르다고 해도 과언이 아니다. 때문에 해당 와인의 특성에 따라 포괄적 분류를 한 다음 세부적 특징을 표현하는 것이 좋다.

와인의 바디(Body)

와인을 입에 머금었을 때 느껴지는 무게감이다. 보통 우유나 물과 비교가 되는데 우유와 같이 묵직한 느낌이 들면 바디가 무겁다, 물과 같이 가벼운 느낌이 들면 바디가 가볍다고 말한다. 높은 당도는 바디를 높이고, 높은 산도는 바디를 감소시키는 경향이 있다. 높은 타닌은 와인에 무거운 바디감을 주지만, 떫고 낮은 타닌은 와인을 더 거칠고 가볍게 만든다.

1) 라이트 바디 와인(Light-Bodied Wine)
입안에 머금었을 때 물처럼 가볍고 경쾌한 느낌이 드는 와인을 말한다. 일반적으로 로제 와인과 화이트 와인에서 많이 느껴진다. 바디가 가벼우면서 풍부한 향을 지닌 고급 와인은 물과 같이 맑은 느낌이 든다.

2) 미디엄 바디 와인(Medium-Bodied Wine)
라이트 바디와 풀 바디 중간 정도의 무게감이 느껴지는 와인이다. 물과 우유 중간 정도의 느낌이 든다.

3) 풀 바디 와인(Full-Bodied Wine)
입안을 꽉 채우는 듯한 느낌의 와인이다. 보통 알코올 함량, 당분, 타닌 성분이 많을수록 무게감이 더 느껴진다. 우유를 머금었을 때처럼 무거운 느낌이다.

알코올(Alcohol)

알코올은 와인에 질감과 바디감을 더해준다. 알코올은 물보다 점성이 강해 알코올 도수가 높으면 와인이 무겁게 느껴진다. 반면에 알코올 도수가 낮을 경우 와인에 바디를 부여할 수 있는 당분 등이 없으면 가볍게 느껴진다. 높은 알코올은 삼킨 후 뜨겁고 타는 듯한 느낌을 주는데 이는 산도의 톡 쏘는 느낌과 혼돈하기 쉽다. 따라서 입에 침이 고이는지, 점성이 느껴지는지 등을 확인할 필요가 있다.

여운(Length, Aftertaste)
와인을 맛보고 난 후에 입안에 머무는 느낌을 말하며 여운, 길이 등 와인을 삼키거나 뱉은 후 느껴지는 감각의 종합이다. 이 여운이 얼마나 오래가는지가 중요한 평가 요소가 되지만 여운의 길이 평가에서 긍정적인 감각의 지속만을 평가해야 한다.

균형(Balance)**과 조화**(Harmony)
와인 속에 존재하는 모든 맛의 느낌들은 개별적으로 단순히 섞여 있는 상태로만 존재하는 것이 아니라 서로 상호작용을 일으킨다.

와인 테이스팅 순서

와인 테이스팅 순서는 드라이한 와인에서 스위트한 와인으로, 덜 숙성된 와인에서 오래 숙성된 와인 순으로 진행하며 화이트 와인을 먼저 테이스팅 하고 레드 와인을 맛본다. 와인을 테이스팅할 때 담배를 피우는 것은 현명치 못한 일인데, 이것은 강한 향수처럼 와인의 예민한 향을 덮어버리기 때문이다.

와인과 음식의 푸드 페어링

🍷 와인과 음식

와인과 음식의 조화

레드 와인에 들어 있는 타닌은 주로 붉은 육류의 질긴 단백질을 부드럽게 하는 데 긍정적인 작용을 한다. 반면 화이트 와인의 산은 생선의 비린내를 없애주고 음식의 기름기를 씻어주며 신맛이 나는 음식과도 함께 먹을 수 있다. 또한 당도가 높은 화이트 와인은 두드러지는 신맛 때문에 드라이 와인과는 함께 먹을 수 없는 단맛의 음식, 타닌이 든 와인을 쓰게 만드는 짠맛의 음식과도 좋은 조화를 보인다. 음식과 와인은 서로의 맛을 보완해 주고 함께 먹었을 때 각자의 맛을 더 잘 느끼도록 도와주는 관계여야 한다.

고려해야 하는 요소

1) 와인의 바디

음식과 와인을 매칭할 때 와인의 바디는 중요하다. 똑같은 음식이라도 어떻게 조리했는가에 따라 무게감 즉 바디(body)가 달라지므로 와인을 선택할 때 고려해야 할 요소는 음식과 와인의 무게감에 조화를 맞추는 것이다.

와인을 마시다 보면 '풀 바디 와인(Full-Bodied Wine)'이라는 말을 자주 듣게 된다. 이는 입안에서 꽉 차는 듯한 묵직한 무게감과 풍부한 맛을 말한다. 풀 바디 와인들은 포도 품종 자체가 지니고 있는 떫은맛과 타닌의 영향을 받는다. 또한 오크통의 영향을 받기도 하고 당분으로 인해 높아진 알코올, 산도, 글리세롤 등과도 연관관계를 가진다.

2) 당도, 산도, 타닌, 와인의 풍미와 조화

와인이 지니고 있는 과일의 특성이나 풍미가 당도, 산도, 타닌과 어떤 조화를 이루는지 체크하는 것도 음식을 선택하는 데 도움을 준다.

당도

드라이 와인은 단맛이 나는 음식과 곁들였을 때 아주 산도가 강한 시큼한 맛이 난다. 그러므로 단맛의 음식은 비슷한 당도 혹은 그 이상의 당도를 지닌 와인과 함께 즐겨야 한다.

산도

강한 산도를 지닌 와인은 토마토 풍미처럼 신맛이 도는 음식과 매치를 이룬다. 높은 산도의 와인은 기름진 음식과도 조화를 이루는데 와인의 신맛이 음식의 진한 기름기를 감소시켜 주기 때문이다. 만약에 부드러운 와인을 마신다면 (기름기 때문에) 와인 맛이 밋밋하게 느껴질 수도 있다. 알맞은 산도를 지닌 스위트한 와인들은 진하고 기름진 음식과 환상적인 조화를 이룬다.

타닌

와인의 타닌은 붉은색 고기와 같이 단백질 함유량이 높은 음식을 입안에서 부드럽게 느끼게 해준다.

와인의 풍미와 과일향의 특성

와인이 가지고 있는 풍미와 과일의 특성으로 어울리는 음식을 알 수 있다.
훈제음식은 오크통 숙성을 거친 와인과 어울리는데 훈제향이 강하면 강할수록 오크향도 강해져야 한다. 와인이 지닌 향의 강도는 와인의 특성보다 더 중요한 요소이기 때문에 향이 진한 와인은 향이 강한 음식과 매칭되어야 한다.

3) 와인의 색과 음식

음식의 색깔과 와인의 색깔 또 음식의 맛과 와인의 맛은 비례한다. 즉 맛, 색, 질감이 서로 비슷한 것끼리 좋은 매치를 이룬다는 말이다. 음식의 색깔이 연하면 색이 연한 와인과 어울리고, 음식의 색이 진할수록 진한색의 와인과 어울린다. 이와 비슷한 원리로 맛(양념)이 순한 음식은 연한 맛의 와인, 맛(양념)이 강한 음식은 진한 맛의 와인과 잘 맞는다.

와인과 어울리는 음식

🍷 레드 와인과 어울리는 음식

Beaujolais 보졸레
진한 소스의 생선 요리, 가벼운 소고기 요리, 로스트 치킨, 야채 라자냐 등이 어울린다.

Rioja 리오하
소고기, 칠리소스의 요리, 체더를 비롯한 하드 타입의 치즈와 어울린다.

Chianti 키안티
레드 와인 소스로 만든 스테이크와 잘 어울린다.

Pinot noir 피노 누아
로스트비프, 미트로프, 케밥 등과 잘 어울린다.

Cotes du Rhone 꼬뜨 뒤 론
양고기, 버섯을 곁들인 소고기 요리, 미트 라자냐 등과 잘 어울린다.

Bourgogne 부르고뉴
로스트비프, 스테이크, 진한 소스의 요리들과 잘 어울린다.

Merlo 메를로
불고기, 갈비찜 등 소스가 진한 육류 요리와 잘 어울린다.

Bordeaux Red 보르도 레드
전통적인 서양식 조리법으로 요리된 육류 요리와 잘 어울린다.

Zinfandel 진판델
한식 혹은 동남아시아 스타일의 향신료가 많이 들어간 육류 요리와 잘 어울린다.

Cabernet Sauvignon 카베르네 소비뇽
양고기, 소고기, 돼지고기 요리와 잘 어울린다.

Super Tuscan 슈퍼 투스칸
바비큐 립스, 파르미지아노, 체더치즈 등과 잘 어울린다.

화이트 와인과 어울리는 음식

Pinot Gris 피노 그리
아시안 스타일의 소스로 요리한 해산물이나 국수 요리와 잘 어울린다.

Riesling 리슬링
해산물, 구운 생선, 가벼운 소스로 요리된 닭, 크림소스와 해산물이 가미된 파스타, 아시안 스타일의 국수, 해산물 등과 잘 어울린다.

White Zinfandel 화이트 진판델
가볍게 구운 생선 요리, 아시안 스타일의 국수, 그린 샐러드와 잘 어울린다.

Sancerre - Pouilly Fume 상세르 - 푸이 퓌메
케이준 스타일의 새우 요리, 해산물 리소토, 여러 소스의 파스타, 파스타 샐러드 등과 잘 어울린다.

Chablis 샤블리
게를 비롯한 해산물 요리, 케이준 스타일의 새우 요리, 가벼운 소스나 페스토 소스의 파스타, 해산물 리소토, 브뤼를 비롯한 세미 소프트 치즈, 야채 요리 등과 잘 어울린다.

Sauvignon Blanc 소비뇽 블랑
바닷가재를 비롯한 해산물, 생선, 돼지고기, 햄, 스파이시 소시지, 닭고기나 칠면조, 토마토, 오일 소스, 고다 에담과 같은 중간 정도의 경성을 가진 치즈와 잘 어울린다.

Champagne, Sparkling Wine 샴페인, 스파클링 와인
바닷가재를 비롯한 해산물, 각종 파스타, 햄, 샐러드 등 애피타이저 음식들과 잘 어울린다.

White Rhone 화이트 론
약간 무거운 소스로 요리한 생선과 해산물, 북경식 오리구이, 닭 요리, 야채 스튜 등과 잘 어울린다.

White Bordeaux 화이트 보르도
소스가 진한 생선 요리, 해산물 요리, 파스타, 치즈, 각종 야채 요리 등과 잘 어울린다.

Gewurztraminer 게뷔르츠트라미너
샐러드, 생선구이, 야채퓌레 등과 잘 어울린다.

🍷 와인과 음식을 매칭할 때 영향을 주는 요소

짠맛, 신맛, 단맛, 쓴맛
- 감미는 즉시 느끼지만 오래가지 않는다.
- 짠맛과 신맛은 빨리 감지하며 느낌이 오래간다.
- 쓴맛은 맨 먼저 느끼지 않지만 맛이 오래 지속된다.
- 매우 짠맛과 신맛은 입속에 남기 때문에 와인과 궁합을 맞추기가 어렵다.
- 매우 신맛이 많은 와인이 아니면 신맛이 많은 요리를 먹은 후에 와인의 맛을 잃거나 약하게 한다.
- 너무 짜게 양념된 요리는 와인의 맛을 죽여 버린다.

산도
- 와인과 요리의 궁합을 맞추는데 산은 중요한 요소 중의 하나이다.
- 산은 와인의 맛을 신선하게 만드는 성분이다.
- 산은 많은 요리의 맛을 도와준다.

- 산은 무거운 요리를 가볍게 해준다.
- 산도가 낮으면 와인에 활기가 없고 와인과 궁합 맞추기가 어렵다.

알코올
- 알코올은 요리와의 궁합을 맞출 때 중요한 요소이다.
- 알코올 도수가 낮으면 가벼운 와인, 높으면 무거운 와인이다. 때때로 와인의 알코올은 감미를 주기도 하고 입 속에서 격렬한 느낌을 준다.
- 독일 와인처럼 알코올 도수가 낮은 와인은 가벼운 요리와 궁합 맞추기가 쉽다.
- 알코올 도수가 높은 와인(남프랑스, 신대륙 와인 13~14도)은 음식의 촉감이 거칠고 소박한 요리와 궁합을 맞추기 쉽다.

와인의 숙성 정도
- 요리와의 궁합을 맞출 때 어울리는 와인을 결정하는데 중요한 요소이다.
- 숙성된 와인은 섬세하고 복잡한 맛을 주기 때문에 요리와 궁합을 맞출 때 고려해야 한다.
- 강한 타닌이 많은 와인은 기름진 고기를 더욱 맛있게 한다.
- 산미가 있는 와인은 산미가 있는 요리와 함께 마시면 부드러워진다.

와인의 균형감
- 와인 성분 구성의 조화가 중요하다.
- 알코올, 타닌, 산도 등 와인의 한 가지 성분이 두드러지지 않는다.

쓴맛
- 와인의 쓴맛 요인은 지나치게 포도줄기와 씨를 압착했을 때 쓴 오일이 와인에 첨가된다.
- 더운 여름에 생산된 포도는 과피에 쓴맛의 성분이 많이 함유된다.
- 쓴맛을 주는 성분이 있는 나무통에서 장기간 숙성했을 때 기인한다.
- 쓴맛이 강한 와인은 요리와의 궁합이 어렵다.

바디
- 무거운 와인은 무거운 요리, 가벼운 와인은 가벼운 요리와 궁합을 맞춘다.

와인 맛의 복합성
- 와인에 따라 다양하게 나타나는 향과 맛 그리고 숙성한 양질의 와인을 의미한다.
- 미묘하고 복합적인 풍미를 갖는 요리와 궁합이 아주 잘 맞는다.

여운감
- 와인을 마신 후의 뒷맛과 여운의 길이를 의미한다.
- 뒷맛이 부드러운 와인은 요리와 궁합을 맞추기가 쉽다.

주정강화 와인
- 대부분의 주정강화 와인은 감미가 있다.
- 감미 와인은 치즈, 디저트, 견과류와 궁합이 잘 맞는다.

타닌
- 레드 와인에서 요리와의 궁합에 중요한 역할을 하는 것이 타닌이다.
- 타닌은 와인이 숙성되는 동안 방부제 역할을 하며 새로운 향미를 증가시킨다.
- 타닌은 치즈와 고기의 지방을 씻어주며 소화가 잘 되게 한다.
- 섬세한 요리는 거친 타닌이 든 와인과는 어울리지 않는다.

"와인 없는 식탁은 꽃이 없는 봄과 같다."

– 프랑스 와인 속담

part 7

품종별 와인

MEDIUM / FULL BODY WHITE WINE

- Sauvignon Blanc
- Pinot Gris
- Chardonnay (unoaked)
- Chenin Blanc
- Muscat Blanc
- Gruner Veltliner
- Chardonnay (oaked)
- Semillon
- Gewurztraminer
- Riesling

원산지 프랑스

소비뇽 블랑
Sauvignon Blanc

*소비뇽(야생의) 블랑(흰색)

- 샤르도네와 함께 전 세계에서 가장 유명한 청포도 중 하나이다.
- 소비뇽 블랑은 특유의 식물향과 꽃향이 특징적이며 주로 가볍고 산뜻하게 마시기 좋은 품종이다.
- 보르도 지역의 화이트 와인은 오크 숙성과 병 숙성을 통해 꿀, 견과류 등의 복합적인 풍미를 가진다.
- 뉴질랜드 말버러 지역의 와인은 두드러진 식물(아스파라거스) 향을 갖는 것이 특징이다.

대표적인 국가 및 지역
프랑스 - 루아르 밸리(상세르, 푸이 퓌메)
뉴질랜드 - 말버러
미국 - 나파 밸리

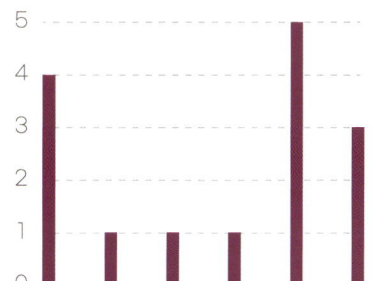
◆ Flavor

Aroma Standard

CITRUS &OTHER
24
라임 LIME

CITRUS &OTHER
21
자몽 GRAPEFRUIT

VEGETABLE
109
신선한 풀냄새 FRESH

CITRUS &OTHER
22
오렌지 ORANGE

TROPICAL FRUIT
51
패션프루트 PASSION FRUIT

TROPICAL FRUIT
50
멜론 MELON

원산지 오스트리아

그뤼너 펠트리너
Gruner Veltliner

- 오스트리아에서 가장 중요한 토착 품종으로 지역별로 다양한 스타일을 보여주지만, 공통적인 특징은 깔끔한 맛과 상쾌한 느낌을 주는 드라이 화이트 와인이라는 점이다.
- 늦게 익고 추위에 잘 견디는 품종이라 서늘한 지방에서 잘 재배되고, 과실의 향기로움과 함께 신선한 청량감을 주지만 일부 지역에서는 스파이시한 맛과 매끄러운 바디감을 더하기도 한다.
- 장기간 숙성이 가능하나 주로 신선할 때 마시며, 이 품종으로 스파클링 와인이나 달콤한 디저트 와인을 만들기도 한다.

대표적인 국가 및 지역
오스트리아

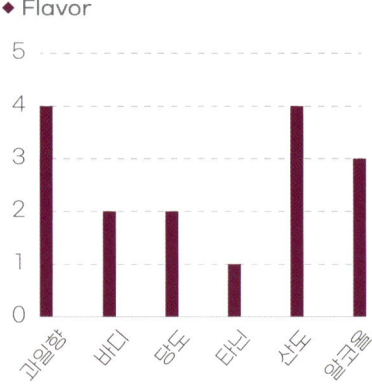

| Aroma Standard |

CITRUS & OTHER — 30 — 사과 APPLE

CITRUS & OTHER — 29 — 배 CHINESE PEAR

STONE FRUIT — 55 — 복숭아 PEACH

CARAMEL & CHOCOLATE — 82 — 꿀 HONEY

CITRUS & OTHER — 23 — 레몬 LEMON

SPICE — 102 — 후추 BLACK PEPPER

 원산지 프랑스&이탈리아

피노 그리

Pinot Gris(프랑스) = Pinot Grigio(이탈리아)

*피노(솔방울) 그리(회색=Grey)

- 피노 그리는 피노 누아의 사촌격 되는 품종이다.
- 높은 산도의 가벼운 와인 또는 높은 당도의 복합적인 풍미가 있는 와인까지 다양한 스타일로 생산된다.
- 병 숙성이 진행될수록 훈제, 토스트, 버터 등의 풍미가 더해진다.
- 이탈리아 베네토 지역의 피노 그리지오(Pinot Grigio)처럼 가벼운 바디의 와인으로 많이 생산된다.

대표적인 국가 및 지역
프랑스 - 알자스
뉴질랜드 - 혹스베이
미국 - 캘리포니아

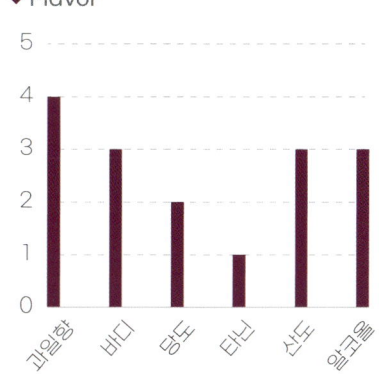

| Aroma Standard |

원산지 프랑스 | 화이트 와인의 여왕

샤르도네(Oaked)
Chardonnay

*부르고뉴의 샤르도네 마을 이름에서 유래

- 오크 숙성을 거친 오크드 샤르도네의 풍미는 조금 더 묵직하고 리치하다.
- 전 세계에서 가장 인기 있고 많이 재배되는 청포도 품종이다.
- 어느 지역에서나 잘 자라며 지역, 테루아, 양조법에 따라 다양한 특징의 와인이 생산된다.
- 산도는 비교적 낮고 신선한 과일향이 풍부하며 호두, 바닐라, 포도, 꽃, 망고 등의 향을 품고 있다.
- 오크 숙성을 통해 바닐라, 버터, 견과류 등의 향미가 더해진다.
- 와인으로 완성되면 옅은 노란색에서 꿀빛까지 다양하지만 비교적 밝은 노란색을 띠며, 해산물과 아주 잘 어울리는 와인이다.

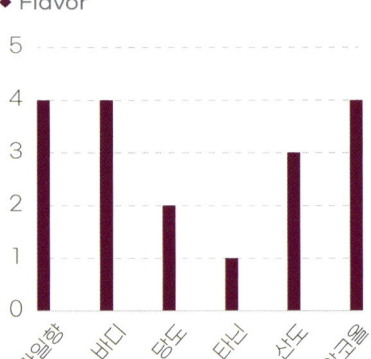

대표적인 국가 및 지역

프랑스 - 샤블리, 부르고뉴
미국 - 나파 밸리, 소노마 밸리
호주 - 웨스턴 오스트레일리아, 빅토리아(야라 밸리)
칠레 - 카사블랑카

Aroma Standard

CITRUS & OTHER	STONE FRUIT	CITRUS & OTHER	TROPICAL FRUIT	CARAMEL & CHOCOLATE	CARAMEL & CHOCOLATE
30	55	29	49	83	92
사과 APPLE	복숭아 PEACH	배 CHINESE PEAR	파인애플 PINEAPPLE	바닐라 VANILLA	버터 BUTTER

원산지 프랑스 | 화이트 와인의 여왕

샤르도네(Unoaked)
Chardonnay

*부르고뉴의 샤르도네 마을 이름에서 유래

- 오크를 사용하지 않는 언오크드 샤르도네의 풍미는 신선하며 상큼하다.
- 샤르도네는 재주가 많은 품종이다. 서늘한 기후부터 따뜻한 기후까지 모든 기후에서 잘 자라며, 기후에 따라 다양한 풍미를 보여준다.
- 양조 테크닉을 통해 2차, 3차향까지도 만들어 낼 수 있는 화이트 와인의 대표 품종이다.
- 샴페인의 주요 품종으로 사용되기도 한다.

대표적인 국가 및 지역
프랑스 - 샤블리, 부르고뉴
미국 - 나파 밸리, 소노마 밸리
호주 - 웨스턴 오스트레일리아, 빅토리아(야라 밸리)
칠레 - 카사블랑카

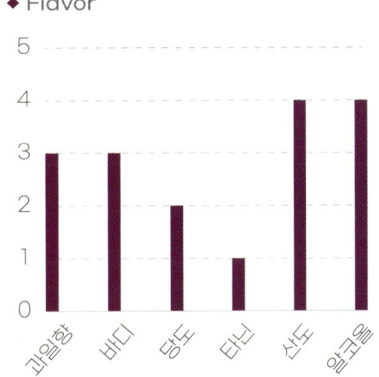

Aroma Standard

CITRUS &OTHER	CITRUS &OTHER	CITRUS &OTHER	CITRUS &OTHER	CITRUS &OTHER	STONE FRUIT
23	24	27	30	29	56
레몬 LEMON	라임 LIME	모과 CHINESE QUINCE	사과 APPLE	배 CHINESE PEAR	살구 APRICOT

원산지 프랑스

세미용
Semillon

*쌩때밀리용 축약

- 복숭아처럼 둥근 모양의 세미용은 두 가지 스타일이 있는데 배럴 발효를 통한 감미로운 스타일과 매우 드라이한 스타일이 있다.
- 껍질이 얇고, 포도송이가 크면서 조밀하게 달려 있어서 귀부병에 걸릴 확률이 높다.
- 무거운 바디감에 높은 산도, 높은 당도가 밸런스를 이룬다.
- 핵과류(살구) 풍미가 특징이다.
- 병입 상태의 숙성에서 3차 아로마 특성(말린 과일, 견과류, 꿀)이 나타난다

대표적인 국가 및 지역
프랑스 - 소떼른
호주 - 사우스 오스트레일리아(헌터 밸리)

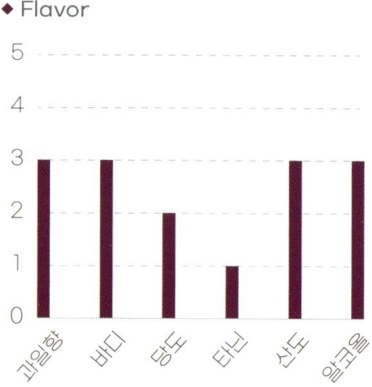

Aroma Standard

CITRUS &OTHER	STONE FRUIT	HERB & FLWOER	TROPICAL FRUIT	CARAMEL & CHOCOLATE	STONE FRUIT
23	55	2	47	82	57
레몬 LEMON	복숭아 PEACH	캐모마일 CHAMOMILE	파파야 PAPAYA	꿀 HONEY	무화과 FIG

원산지 프랑스

슈냉 블랑
Chenin Blanc

- 프랑스 루아르 밸리에서 천년이 넘게 재배된 청포도 품종이며, 현재는 남아프리카공화국에서 가장 많이 재배한다.
- 서늘한 기후의 루아르 지역과 달리 남아프리카공화국의 슈냉 블랑은 따뜻한 기후에서 재배되며, 오크 풍미가 풍부한 프리미엄급 슈냉 블랑을 생산한다.
- '루아르의 피노'라는 별명이 있을 만큼 부드러운 황금색을 띠고, 드라이 와인부터 스위트 와인까지 다양한 스타일의 와인을 생산한다.
- 산도가 높아 스파클링 와인의 주재료로도 유용하다

대표적인 국가 및 지역
프랑스 - 루아르 밸리(앙주)
남아프리카 공화국

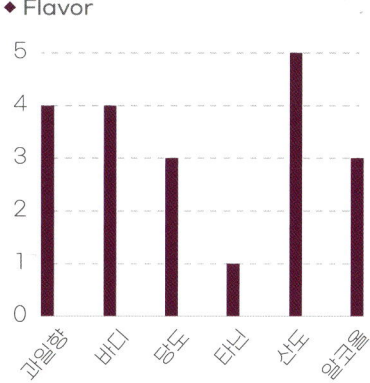

원산지 독일

게뷔르츠 트라미너
Gewurztraminer

*게뷔르츠(Gewurz) = 스파이시(spicy)

- 게뷔르츠트라미너(Gewurztraminer)라는 포도 품종의 이름은 'Gewurz'와 'Traminer' 두 낱말의 합성어이다. 'Gewurz'는 'Spicy(향신료, 향긋한)'의 뜻을 가진 독일어이고, 'Traminer'는 이태리 북부에 위치한 'Traminer' 마을 부근에서 생장하는 포도 품종의 이름에서 유래되었다고 한다.
- 장미향과 신선한 포도, 계피향을 머금고 있으며 대표적인 아로마틱 와인(Aromatic Wine)으로 고유의 강렬한 꽃향기는 오랫동안 유럽에서 사랑받아왔다.
- 산도는 낮고 알코올 함량은 높아 묵직한 느낌이며, 장기 숙성에 강한 화이트 와인으로 맛 또한 드라이한 것부터 스위트 와인까지 다양하다.

대표적인 국가 및 지역
프랑스 - 알자스
독일
오스트리아

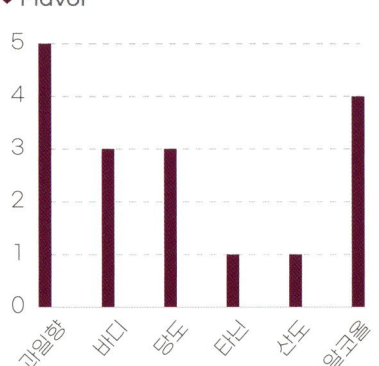

Aroma Standard

TROPICAL FRUIT	HERB & FLWOER	CITRUS &OTHER	CITRUS &OTHER	TROPICAL FRUIT	SPICE
39	3	21	25	40	104
리치 LYCHEE	장미 ROSE	자몽 GRAPEFRUIT	만다린 MANDARIN	구아바 GUAVA	생강 GINGER

원산지 그리스&이탈리아 세계에서 가장 달콤한 디저트 와인

뮈스카 블랑
Muscat Blanc

*Mosca : 과일파리

- 뮈스카 품종은 수 세기 동안 전 세계적으로 와인 생산과 건포도 또는 테이블용 포도로 사용되어 온 비티스 비니훼라(Vitis Vinifera) 종에 속하는 200가지 이상의 포도 품종을 포함한다.
- 색상은 흰색, 노란색, 분홍색, 검은색으로 다양하며 달콤한 꽃향을 가지고 있는 게 특징이다.
- 포도, 머스크, 꽃향이 강렬하여 청포도 중에서도 가장 아로마틱한 축에 속한다.
- 와인은 일반 와인, 스파클링 와인, 주정강화 와인 모두 만들어진다.
- 프랑스에서는 뮈스카(Muscat), 스페인에서는 모스카텔(Moscatel), 이탈리아에서는 모스카토(Moscato)라고 부른다.

대표적인 국가 및 지역
프랑스 - 알자스
이탈리아 - 피에몬테(아스티)

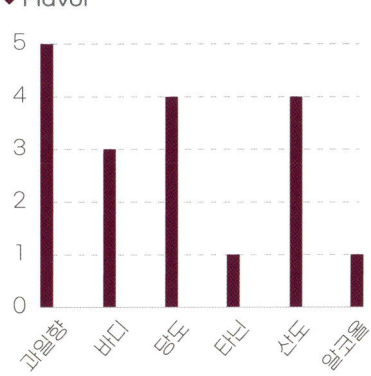

◆ Flavor

과일향	바디	당도	타닌	산도	알코올
5	3	4	1	4	1

Aroma Standard
CITRUS &OTHER — 23 — 레몬 LEMON
CITRUS &OTHER — 22 — 오렌지 ORANGE
STONE FRUIT — 55 — 복숭아 PEACH
HERB & FLWOER — 4 — 재스민 JASMIN
TROPICAL FRUIT — 50 — 멜론 MELON
BERRY-LIKE — 65 — 청포도 WHITE GRAPE

원산지 독일

리슬링
Riesling

- 리슬링은 특유의 꽃향이 특징적인 품종으로 익을수록 당분이 축적되는 것이 특징이다.
- 추위를 잘 견뎌 귀부 와인, 아이스 와인 등 과숙을 통해 만드는 와인을 생산하기에 적합한 품종이다.
- 산도가 높으면서도 당도가 많기 때문에 산, 당, 풍미가 높은 와인을 생산하기에 적합하다.
- 장기 숙성이 가능한 와인으로 드라이한 와인부터 스위트한 와인까지 다양한 와인을 생산한다.

대표적인 국가 및 지역
독일 - 모젤(모젤-자르-뤼버), 라인(라인가우, 라인헤센, 나헤, 팔츠)
프랑스 - 알자스
호주 - 사우스 오스트레일리아(에덴 밸리, 클레어 밸리)

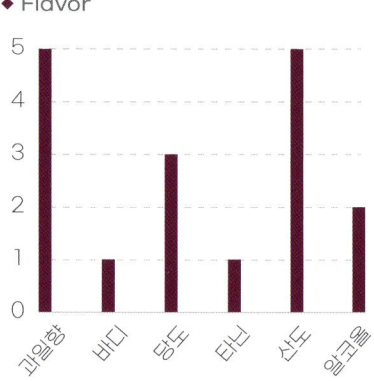

Aroma Standard

CITRUS &OTHER	CITRUS &OTHER	CITRUS &OTHER	HERB & FLWOER	STONE FRUIT	OTHERS
24	23	30	4	55	139
라임 LIME	레몬 LEMON	사과 APPLE	재스민 JASMIN	복숭아 PEACH	매니큐어 NAIL POLISH

LIGHT BODY / MEDIUM / FULL BODY
RED WINE

- Pinot Noir
- Gamay

- Cabernet Franc
- Carmenere
- Merlot
- Grenache
- Sangiovese
- Zinfandel
- Tempranillo

- Cabernet Sauvignon
- Malbec
- Shiraz
- Nebbiolo

원산지 프랑스 | 레드 와인의 여왕

피노 누아
Pinot Noir

*Pinot(솔방울) Noir(검은)

- '섬세함'이라는 단어로 설명되는 피노 누아는 단일 품종으로 주로 생산된다.
- 피노 누아는 기후에 매우 민감하며 껍질도 얇고 쉽게 터져 다루기가 매우 어려운 품종이다.
- 특유의 신선함과 우아한 풍미가 일품이며 여운이 오래간다. 또한 산도가 높고 타닌이 낮아서 다양한 음식과 조합이 가능하다.
- 오크 숙성, 장기 숙성을 통해 복합적인 풍미(버섯, 숲)를 만들어 내기도 한다.

대표적인 국가 및 지역
프랑스 - 브루고뉴
미국 - 오레곤, 소노마 밸리
뉴질랜드 - 말버러

| Aroma Standard |

가메
Gamay

- 전 세계에서 가장 가볍고, 밝고, 과일향이 강한 포도로 유명한 보졸레의 품종이다.
- 프랑스 보졸레에서 가장 많이 생산되며 병입 이후에 급속도로 신선한 과실 풍미를 잃기 때문에 매년 햇와인으로 생산되어 1년 안에 대부분 소비된다.
- 라이트 바디 레드 와인으로 신선하고 상쾌한 풍미를 즐기기 위해 화이트 와인처럼 오래 숙성하지 않고 차갑게 마신다.
- 낮은 타닌, 적당한 산도, 낮은 알코올, 풍부한 붉은 과일의 특징을 가진 와인으로 부담 없이 마시기 좋다.

대표적인 국가 및 지역
프랑스 - 보졸레 크뤼

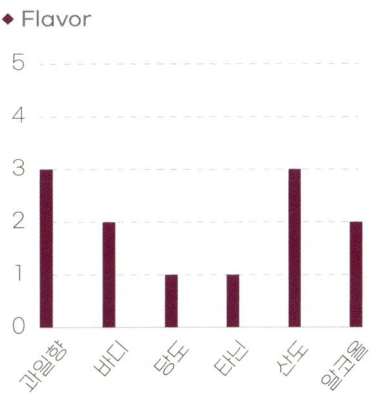

Aroma Standard

원산지 | 프랑스

까베르네 프랑
Cabernet Franc

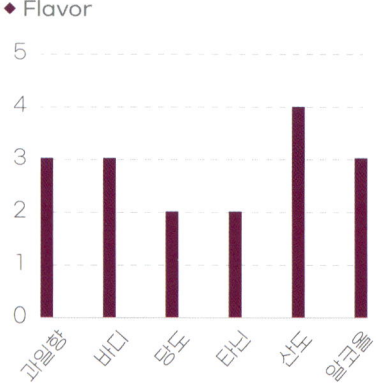

- 서늘한 기후의 자갈이 많은 점토질 토양을 좋아하며, 악천후에도 강한 포도 품종이다.
- 신선한 허브향과 피망, 파프리카, 흙, 초콜릿, 블랙베리향을 풍기며, 이 와인의 맛을 영어로는 'Earthy & Herbaceous'로 주로 표현한다.
- 카베르네 소비뇽으로 만든 와인보다 색깔이 연하고 타닌의 떫은맛도 적다.
- 산도와 타닌이 적어 카베르네 소비뇽과 블렌딩하면 환상적인 궁합을 자랑하며, 카베르네 소비뇽의 단단하고 떫은맛을 조금 완화시켜 부드럽고 가벼운 느낌의 와인으로 만들어준다.
- 보르도의 쌩떼밀리옹과 뽀므롤에서는 '부셰(Bouchet)'라는 이름으로 재배되고, 루아르에서는 '부르똥(Breton)'이라고 불린다.

대표적인 국가 및 지역
프랑스 - 루아르 밸리(앙주, 소뮈르)

― | Aroma Standard | ―

원산지 프랑스

까르미네르
Carmenere
*Carmine = 붉은색 천연색소

- 까르미네르는 만생종(천천히 익는 품종)으로 따뜻한 기후에서 많이 재배된다.
- 까르미네르는 18세기에 보르도 지역에서 널리 재배되었던 품종이지만 필록세라로 전멸되었다. 하지만 19세기 칠레에 심어진 메를로 품종의 50%가 실제로는 까르미네르인 것으로 밝혀졌다.
- 생산성이 좋은 품종으로 블랙베리, 초콜릿, 커피향 등 훌륭한 아로마를 지니고 있다. 또한 깊고 아름다운 레드 와인색과 풍만한 바디, 부드러운 질감, 낮은 산미와 긴 여운이 특징이다.

대표적인 국가 및 지역
칠레 - 콜차구아

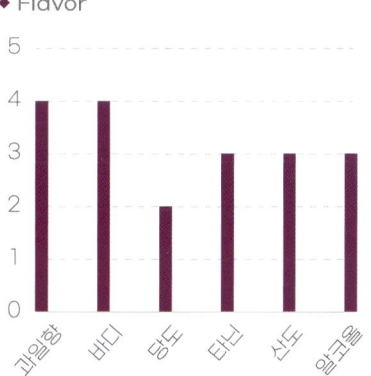

| Aroma Standard |

BERRY-LIKE / 59 / 라즈베리 / RASPBERRY

STONE FRUIT / 53 / 체리 / CHERRY

STONE FRUIT / 54 / 다크체리 / DARK CHERRY

CARAMEL & CHOCOLATE / 83 / 바닐라 / VANILLA

VEGETABLE / 112 / 파프리카 / PAPRIKA

SPICE / 102 / 후추 / BLACK PEPPER

 원산지 프랑스

메를로
Merlot
Merle 티티새

- 카베르네 소비뇽과 함께 가장 잘 알려져 있는 레드 와인 포도 품종이다.
- '메를로'라는 이름은 '지빠귀 새'를 뜻하는 프랑스어 'Merle'에서 유래되었다.
- 카베르네 소비뇽에 비해 포도알이 커서 과육이 많고 껍질이 얇다.
- 강한 타닌을 지닌 풀바디 와인뿐만 아니라 가볍고 상큼한 와인까지 다양하게 생산한다.
- 오크통에서 장기간 숙성시키기에 좋은 품종이며, 순하고 향긋하면서 섬세하고 우아한 맛이라 여성들에게도 사랑받고 있다.

대표적인 국가 및 지역
프랑스 - 생테밀리옹, 포므롤
미국 - 캘리포니아
칠레

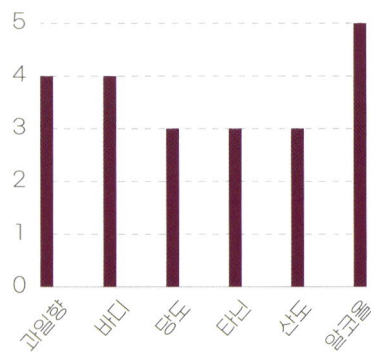

Aroma Standard

 원산지 스페인

그르나슈(가르나차)
Grenache(프랑스) = Garnacha(스페인)

- 간단히 그르나슈라고 부르며 스페인에서는 이 품종을 가르나차(Garnacha)라고 부른다. 스페인에서 시작해 프랑스 남부 론까지 전파된 품종이다.
- 섬세한 붉은 과일의 풍미를 갖고 있어 로제 와인으로 만들거나, 해당 지역의 주요 품종(시라, 템프라니요)과 블렌딩하는데 많이 쓰인다.
- 껍질이 얇고 천천히 익는 특징이 있어 주로 따뜻한 기후에서 재배된다.
- 프랑스 남부 론은 그르나슈의 주요 산지이다. 북부 론이 시라 품종을 위주로 와인을 만드는데 비해 따뜻한 기후인 남부 론에서는 그르나슈를 주로 재배한다.
- 가장 유명한 AOC(프랑스 와인등급 중 최고등급)는 교황의 와인으로 불렸던 'AOC 샤토뇌프-뒤-파프'가 있다. 둥글고 큰 돌로 덮인 포도밭에서 포도는 돌에서 방출되는 저장된 열로 인해 완숙된다.

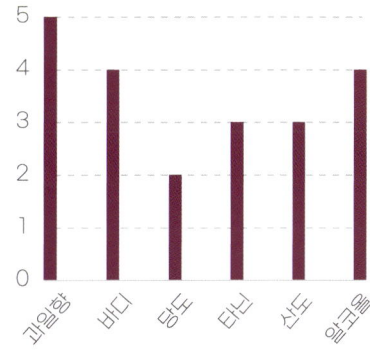

◆ Flavor

대표적인 국가 및 지역
프랑스 - 남부론(대표 산지)
스페인 - 리오하
미국 - 캘리포니아
호주

| *Aroma Standard* |

BERRY-LIKE
61
딸기
STRAWBERRY

BERRY-LIKE
59
라즈베리
RASPBERRY

STONE FRUIT
54
다크체리
DARK CHERRY

HERB & FLWOER
1
블랙티
BLACK TEA

CARAMEL & CHOCOLATE
94
감초
LICORICE

OTHERS
138
가죽
LEATHER

원산지 이탈리아

산지오베제
Sangiovese

*제우스의 피 : 주피터(Jovis : 조비스)의 피(Sanguis : 쌍귀스)

- 만생종으로 이탈리아 중서부 지방, 특히 토스카나를 대표하는 품종이다.
- 연한 빛깔을 띠며 제비꽃과 체리향을 풍기고, 건자두 맛이 나는 부드러운 와인을 만든다.
- 산도가 높고 타닌이 풍부하지만 오래 숙성시키지 않고 가볍고 신선하게 만들어 마시는 것이 특징이다.
- 밝고 강렬한 루비색 와인을 만드는 품종으로 시큼하고 드라이한 맛에서 복잡하고 우아한 맛까지 다양한 맛을 낸다.
- 산도(신맛)가 높아 입맛을 돋우고 다양한 음식들과 무난히 어울린다.

대표적인 국가 및 지역
이탈리아 - 토스카나
(끼안티, 끼안티 클라시코, 브루넬로 디 몬탈치노, 비노 노빌레 디 몬탈풀치아노)

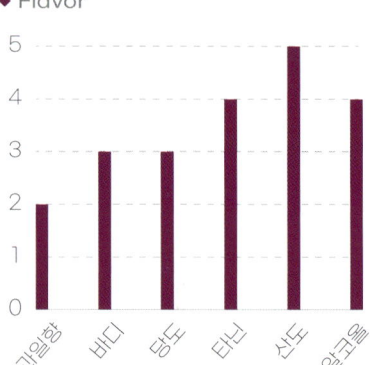

— | Aroma Standard | —

BERRY-LIKE — 61 — 딸기 STRAWBERRY

STONE FRUIT — 53 — 체리 CHERRY

OTHERS — 144 — 흙냄새 EARTHY

VEGETABLE — 119 — 토마토 TOMATO

BERRY-LIKE — 58 — 블랙베리 BLACKBERRY

CARAMEL & CHOCOLATE — 86 — 원두 커피 ROASTED COFFEE BEAN

원산지 크로아티아&이탈리아

진판델(프리미티보)
Zinfandel(미국) = Primitivo(이탈리아)

- 진판델은 미국 캘리포니아에서 가장 많이 재배되는 적포도 품종으로, 이탈리아 풀리아(Puglio) 지방에서 생산되는 프리미티보(Primitivo)와 같은 품종이다.
- 로제 와인으로 생산되는 품종을 화이트 진판델(White Zinfandel)이라고 부른다.
- 조생종(일찍 성숙되는 품종)으로 따뜻한 기후에서 주로 자라며, 포도알이 굵고 검푸른색을 띠고 있다.
- 잼처럼 진하고 다양한 과일향과 향신료 풍미가 매력적이다.

대표적인 국가 및 지역
미국 - 나파 밸리, 소노마 밸리, 시에라 지역

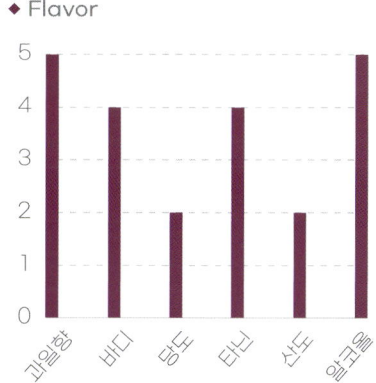

― | Aroma Standard | ―

BERRY-LIKE	BERRY-LIKE	BERRY-LIKE	SPICE	SPICE	SPICE
59	58	60	101	97	102
라즈베리 RASPBERRY	블랙베리 BLACKBERRY	블루베리 BLUEBERRY	파이프 담배 PIPE TOBACCO	시나몬 CINNAMON	후추 BLACK PEPPER

원산지 스페인 | 스페인의 까베르네 소비뇽

# 템프라니요(틴타 호리즈)
Tempranillo(스페인) = Tinta Roriz(포르투갈)

*Temp = 일찍 익는다 / 2~3주 정도 빨리 수확

- 포도알이 다른 품종보다 일찍 익어서 수확 시기가 빠르기 때문에 '일찍'을 뜻하는 스페인의 단어 '템프라노(temprano)'에서 그 이름이 유래했다.
- 스페인의 템프라니요는 프리미엄급 적포도 품종으로써 껍질이 두껍고 산도가 낮다.
- 스페인 전역에서 재배하며 다양한 스타일의 와인을 생산하고 있다. 향이 진하지 않아 그르나슈, 카베르네 소비뇽, 메를로 등과 블렌딩한다.
- 타닌, 바디, 산도 모두 미디엄으로 장기 숙성형 고급 와인으로 생산된다.
- 전형적인 아로마 딸기와 같은 붉은 과일류의 풍미이나, 숙성 정도에 따라 풍부한 오크 풍미와 숙성향이 더해진다.

대표적인 국가 및 지역
스페인 - 리베라 델 두에로, 리오하

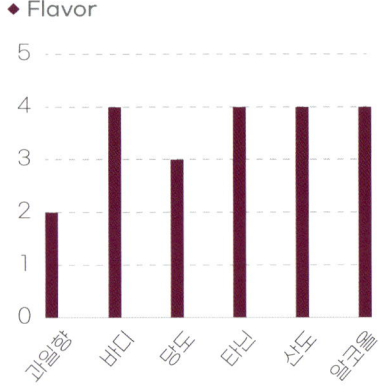

Aroma Standard

STONE FRUIT — 54 — 다크체리 / DARK CHERRY

BERRY-LIKE — 58 — 블랙베리 / BLACKBERRY

STONE FRUIT — 57 — 무화과 / FIG

HERB & FLWOER — 19 — 세다 우드 / CEDAR WOOD

SPICE — 101 — 파이프 담배 / PIPE TOBACCO

OTHERS — 138 — 가죽 / LEATHER

원산지 프랑스 레드 와인의 왕

까베르네 소비뇽
Cabernet Sauvignon

*Cabernet(검은 나무) Sauvignon(야생의=Sauvage:소바주)

- 가장 대표적인 고급 적포도 품종으로 포도 품종의 대명사라 할 수 있다.
- 만생종으로 두꺼운 껍질과 작은 포도알이 특징이며, 타닌이 많고 장기 숙성용 와인으로 적합하다.
- 좋은 빈티지의 경우 수십 년간 숙성되면서 향미가 발달된다.

대표적인 국가 및 지역
프랑스 - 보르도
호주 - 사우스 오스트레일리아(쿠나와라)
　　　- 웨스턴 오스트레일리아(마가렛 밸리)
미국 - 나파 밸리
칠레 - 센트럴 밸리 지역(마이포 밸리), 라펠 밸리(콜차구아, 카차포알)

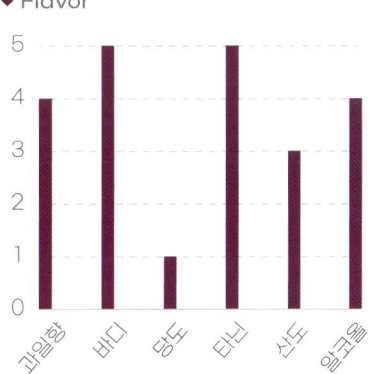

◆ Flavor (과일향 4, 바디 5, 당도 1, 타닌 5, 산도 3, 알코올 4)

Aroma Standard

BERRY-LIKE — 64 — 블랙커런트 / BLACKCURRANT

STONE FRUIT — 54 — 다크체리 / DARK CHERRY

BERRY-LIKE — 58 — 블랙베리 / BLACKBERRY

HERB & FLWOER — 19 — 세다 우드 / CEDAR WOOD

SPICE — 101 — 파이프 담배 / PIPE TOBACCO

CARAMEL & CHOCOLATE — 88 — 다크 초콜릿 / DARK CHOCOLATE

원산지 **프랑스**

말벡
Malbec

- 원산지는 프랑스 보르도이지만 현재는 아르헨티나의 대표 품종이다.
- 아르헨티나의 멘도사 지역에서 주로 생산되며 새 오크통에 숙성하여 부드러운 타닌감과 향신료 풍미를 부여한다.
- 껍질이 두껍고 포도알의 색깔도 검은빛이 많이 나며 타닌도 풍부하다.
- 부드러운 과일향(서양 자두)과 진한 타닌이 같이 공존하여 독특한 풍미가 느껴지는 품종이다.

대표적인 국가 및 지역
아르헨티나 - 멘도사
프랑스

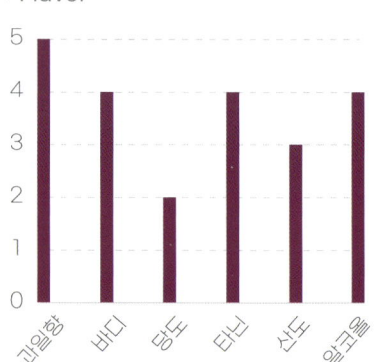

Aroma Standard

BERRY-LIKE	STONE FRUIT	HERB & FLWOER	CARAMEL & CHOCOLATE	SPICE	CARAMEL & CHOCOLATE
58	54	10	83	101	89
블랙베리 BLACKBERRY	다크체리 DARK CHERRY	제비꽃 VIOLET	바닐라 VANILLA	파이프 담배 PIPE TOBACCO	카카오 CACAO

원산지 프랑스

쉬라즈(시라)

Shiraz(호주) = Syrah(프랑스)

*시리아 품종

- 만생종으로 포도알의 색상은 짙지만 타닌은 아주 부드러운 편이다.
- 서리와 추위에 강하고 척박한 토양에서도 잘 자란다.
- 프랑스 북부 론에서는 미디엄바디의 와인, 호주에서는 풀바디 와인으로 생산한다.
- 특유의 향신료(후추) 아로마가 요리와 잘 어울려 인기가 있다.
- 호주의 시라는 프랑스 북부 론에 비해 산도가 낮고 타닌이 부드러우며, 오크 숙성으로 스모크, 바닐라, 향신료의 풍미를 느낄 수 있다.

대표적인 국가 및 지역
프랑스 - 론
호주 - 바로사 밸리, 헌터 밸리, 멕라렌 베일
칠레 - 라펠 밸리 지역

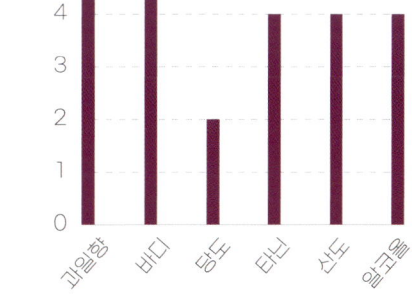

◆ Flavor

Aroma Standard

STONE FRUIT — 54 — 다크체리 DARK CHERRY

BERRY-LIKE — 60 — 블루베리 BLUEBERRY

CARAMEL & CHOCOLATE — 87 — 밀크 초콜릿 MILK CHOCOLATE

OTHERS — 138 — 가죽 LEATHER

SPICE — 102 — 후추 BLACK PEPPER

SPICE — 101 — 파이프 담배 PIPE TOBACCO

원산지 이탈리아 타닌 회초리

네비올로
Nebbiolo
*Nebbia(네비아) = 안개

- 이탈리아에서 가장 유명한 레드 와인 품종으로, 주로 피에몬테에서 재배한다.
- 네비올로의 어원은 이탈리아어로 '안개'라는 의미의 단어 'Nebbia'에서 파생되었고, 이 포도 품종이 자라는 언덕바지에는 늦가을에 짙은 안개가 늘 덮여 있어 포도송이가 이 안개 속에서 영글고 있다고 전해진다.
- 포도가 이처럼 짙은 안개를 버텨내야 하므로 자연적으로 두꺼운 포도 껍질이 생성되었고, 따라서 포도송이에는 특유의 타닌이 배어있어 깊은 맛을 지닌다. 또한 늦게 익는 특성이 있다.
- 장기 숙성용으로 진하고 힘 있는 와인을 생산하며 높은 산도, 강렬한 타닌, 복합적인 향미가 특징이다.

대표적인 국가 및 지역
이탈리아 - 바롤로, 바르바레스코

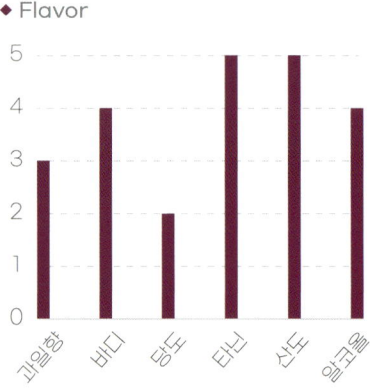

― | *Aroma Standard* | ―

HERB & FLWOER	STONE FRUIT	SPICE	OTHERS	SPICE	VEGETABLE
3	53	95	138	101	115
장미 ROSE	체리 CHERRY	팔각 STAR ANISE	가죽 LEATHER	파이프 담배 PIPE TOBACCO	버섯 MUSHROOM

부록

와인 용어 &
와인 세계 지도

• 와인 국가별 용어

국가별 용어 : 와인, 품종, 빈티지

국가	와인	품종	빈티지
영어권 국가	Wine 와인	Variety 버라이어티	Vintage 빈티지
프랑스	Vin 뱅	Cepage 세파주	Millesime 밀레짐
독일	Wein 바인	Traube 트라우버	Jahrgang 야아강
이탈리아	Vino 비노	Vitigno 비띠뇨	Annata 안나타
			Vendemmia 벤뎀미아
스페인	Vino 비노	Cepa 세빠	Cosecha 꼬세차
포르투갈	Vinho 비뉴	Casta 까스따	Cloheita 꼴레이타

국가별 용어 : 색상

국가	화이트	레드	로제
영어권 국가	White 화이트	Red 레드	Pink 핑크
프랑스	Blanc 블랑	Rouge 루즈	Roge 로제
독일	Weiss 바이스	Rot 로트	Rosa 로사
이탈리아	Bianco 비앙꼬	Rosso 로쏘	Rosato 로사토
스페인	Blanco 블랑꼬	Tinto 띤또	Rosado 로사도
포르투갈	Branco 브랑꾸	Tinto 띤또	Rosado 로사도

국가별 용어 : 당도

국가	스위트	드라이
영어권 국가	Sweet 스위트	Dry 드라이
프랑스	Doux 두	Sec 섹
독일	süss 쉬스	Trocken 트로켄
이탈리아	Dolce 돌체	Secco 쎄코
스페인	Dulce 둘세	Seco 세꼬
포르투갈	Doce 도스	Seco 세쿠

국가별 용어 : 와이너리(포도주를 만드는 양조장)

와이너리				
프랑스	이탈리아	스페인	독일	영어원 국가
Chateau 샤또	Cantina 칸티나	Bodegas 보데가	Weingut 바인구트	Winery 와이너리
Domaine 도멘	Tenuta 테누타	Castillo 까스띠요	Weinkellerei 바인켈러라이	Vineyard 빈야드

• 와인 용어

A

Abboccato(아보카토) : 이탈리아어. 약간 달콤한 와인을 말한다.

Abocado(아보까도) : 스페인어. 약간 달콤한 와인을 말한다.

Abfullung(압퓰렁) : 독일어. 원산지 병입을 뜻한다.

Acid(에시드) : 산.

Aerobic(에어로빅) : 호기성. 산소를 필요로 하는 생물을 말한다.

Adega(아데가) : 포르투갈어. 와인을 저장하는 곳으로 주로 지상에 있다.

Agrafe(아그라프) : 프랑스어. 샴페인 발효 시 임시로 사용하는 마개를 말한다.

Albariza(알바리사) : 스페인 남부 셰리와인이 생산되는 지역의 백색 토양을 말한다.

Amabile(아마빌레) : 이탈리아어. '아보카토'보다 더 달콤할 때 쓰는 표현이다.

Amelioration(어밀저레이션) : 포도즙의 당도와 산도를 조절하기 위하여 설탕이나 물 등을 첨가하는 작업을 말한다.

Amino acid(아미노 에시드) : 아미노산. 단백질이 분해되어 생기는 물질이다.

Ampelography(앰펠로그라피) : 포도의 품종에 대해 연구하는 학문을 말한다.

Amphora(암포라) : 고대 그리스·로마에서 와인이나 기름을 넣던 토기로 두 개의 손잡이가 있다.

Anaerobic(언에어로빅) : 혐기성. 산소가 없는 환경에서 살 수 있는 생물을 말한다.

Anejo(아네호) : 스페인어. 오래된 것, 숙성시킨 것을 말한다.

Angelica(안젤리카) : 미국의 강화와인으로 요즘은 보기 힘들다.

Aperitif(아페리티프) : 식전주.

Apre(아프르) : 프랑스어. 타닌 함량이 많아서 거칠게 느껴지는 와인을 말한다.

Arome(아롬므) : 프랑스어. '향기, 향미'를 말한다.

Arrope(아로뻬) : 스페인어. 셰리의 색깔과 당도를 높이기 위해 첨가하는 농축 포도주스를 말한다.

Asciutto(아슈토) : 이탈리아어. 드라이한 와인을 말한다.

Assemblage(아쌍블라쥬) : 프랑스어. 와인끼리 섞는 것, 즉 블렌딩을 말한다.

Autoclave(오토클라베) : 이탈리아어. 아스티 등 스파클링 와인 만드는 방식을 말한다.

Autolysis(오톨리시스) : 와인이 이스트 찌꺼기 위에 있을 때 이스트가 분해되어 특정한 향을 부여하는 현상을 말한다.

B

Barrique(바리끄) : 프랑스어. 보르도의 225 ℓ 나무통을 말한다.

Baume(보메) : 프랑스어. 프랑스 당도 단위이다.

Bianco(비안코) : 이탈리아어. '흰색'을 말한다.

Binning(비닝) : 와인 병을 숙성시키기 위해 눕혀서 보관하는 것을 말한다.

Bishop(비숍) : 멀드 와인(Mulled wine)의 일종으로, 포트와인에 오렌지 조각, 향신료, 설탕 등을 넣어 가열시킨 것을 말한다.

Blush wine(블러시 와인) : 캘리포니아의 달콤하고 신선한 핑크색 와인을 말한다.

Bodega(보데가) : 스페인어. 와인을 저장하는 곳으로 주로 지상에 있다.

Bordeaux mixture(보르도 믹스쳐) : 보르도액으로 농약의 한 종류이다.

Bottle age(보틀 에이지) : 병 숙성. 고급 레드 와인에 적용되는 개념이다.

Bottle sickness(보틀 시크니스) : 잘못된 병입으로 와인에 공기가 들어가 와인의 생동감이 없어지는 현상이다.

Bottling(보틀링) : 술이나 음료 등을 병에 넣는 작업을 말한다.

Bouchon(부숑) : 프랑스어. 코르크 마개를 말한다.

Brix(브릭스) : 미국, 일본, 한국에서 사용하는 당도 단위이다.

Butt(부트) : 스페인 셰리의 500 ℓ 용량의 나무통을 말한다.

C

Cantina(칸티나) : 이탈리아어. 와인을 제조하여 저장하는 곳을 말한다.

Cap(캡) : 레드 와인 발효 시 위로 떠오르는 껍질 층을 말한다.

Capsule(캡슐) : 포장된 와인 병의 윗부분 즉 코르크를 둘러싼 장식을 말한다.

Carafe(카라페) : 와인을 서빙하는 유리병을 말한다.

Carbonated(카버네이티드) : 발포성 탄산음료에 들어가 있는 탄산가스를 말한다.

Cask(캐스크) : 와인을 숙성하고 저장하는 나무통을 말한다.

Cave(카브) : 프랑스어. 와인을 제조하여 저장하는 곳으로 보통 지하에 설치되어 있다.

Cellar(셀라) : 와인을 저장하는 곳을 말하지만, 요즘은 와인 파는 곳도 이렇게 부른다.

Cellar master(셀라 마스터) : '와인 제조책임자'.

Chai(셰) : 프랑스어. 병입하기 전 와인을 저장하는 곳으로 주로 보르도 지방에서 사용하는 용어이다.

Chambrer(샹브레) : 와인을 마시기 전에 저장실에서 와인을 마시는 장소로 가져와서 실내온도와 동일한 온도를 유지하도록 실내에 방치시키는 일을 말하며 주로 레드 와인에 적용되는 용어이다.

Charnu(샤르뉘) : 프랑스어. 풀바디 와인을 말한다.

Charpent(샬팡떼) : 프랑스어. 균형 잡힌 와인을 말한다.

Clairet(클레레) : 프랑스어. 보르도의 가벼운 레드 와인을 뜻한다.

Claret(클라레) : 프랑스 보르도 지방의 레드 와인을 영어를 사용하는 나라에서 지칭하는 말이다.

Clavelin(끌라블랭) : 프랑스어. 쥐라의 샤또 샬롱에서 사용하는 620㎖ 병을 말한다.

Climat(끌리마) : 프랑스어. 기후라는 뜻이지만, 부르고뉴에서는 '특정 포도밭'을 뜻한다.

Clos(끌로) : 프랑스어. 부르고뉴 지방의 '담으로 둘러싸인 포도밭'을 뜻한다.

Corkage(코르키지) : 레스토랑 등에서 손님이 다른 곳에서 가져온 와인을 마실 경우, 마개를 따주고 받는 요금이다.

Cooperage(쿠퍼리지) : 와인을 숙성하는 모든 나무통을 말한다.

Cote(코트) : 프랑스어. '언덕진 포도밭'을 뜻한다.

Coulant(꿀랑) : 프랑스어. 알코올과 타닌 함량이 낮은 가벼운 와인을 말한다.

Courtier(꾸르띠에) : 프랑스어. 브로커로서 소규모 업자의 와인을 통 단위로 구입하여 와인 상인에게 중개하는 업자를 말한다.

Cradle(크래들) : 오래 숙성시킨 고급 와인을 담는 바구니이다.

Criadera(끄리아데라) : 스페인어. 셰리의 솔레라 시스템에서 쌓아놓은 나무통의 단을 뜻하는 용어이다.

Cru(크뤼) : 프랑스어. 특정 포도밭 혹은 거기서 생산되는 와인을 말한다.

Crush(크러쉬) : 캘리포니아에서 사용하는 용어로서 포도 수확을 뜻한다.

Crust(크러스트) : 빈티지 포트의 병속 침전물을 지칭한다.

Cuvaison(뀌베종) : 프랑스어. 레드 와인 발효 시 색깔과 타닌 등을 우려내기 위해 껍질과 주스를 함께 발효시키는 조작을 말한다.

Cuvee(뀌베) : 샴페인을 만드는 과정에서 여러 포도주를 혼합하는 준비 과정이다.

Debourbage(뒤브르바쥬) : 프랑스어. 화이트 와인 제조 시 압착하여 나온 주스를 정치시켜서 찌꺼기를 가라앉히는 작업이다.

Degree-Days(디그리 데이스) : 적산온도를 말한다.

Domaine(도멘) : 프랑스어. 부르고뉴 지방의 와인 제조업체를 가리키는 용어이다.

Domane(도메너) : 독일어. 국가관리의 포도원을 말하며 'Domaine(도멘)'과 같은 의미이다.

Doux(두) : 프랑스어. 달콤한 맛을 뜻한다.

Dry(드라이) : 달지 않고 건조한 맛을 뜻한다.

Dulce(둘세) : 스페인어. 스페인어로 'Sweet'를 의미한다.

E

Egrappage(에그라빠주) : 프랑스어. 포도송이에서 열매를 따는 일을 말한다.

Elevage(엘르바쥬) : 프랑스어. 발효에서 병입까지 와인제조의 전반을 뜻하는 용어이다.

Eleveur(엘르뵈르) : 프랑스어. 사육하는 사람이란 뜻이지만, 영 와인을 구입하여 숙성, 병입하는 사람을 말한다.

Enologist(이놀러지스트) : 와인을 제조 연구하는 사람을 말한다.

Enology(이놀러지) : 와인 양조학을 말한다.

Enoteca(에노테카) : 이탈리아어. 와인을 전시하고 구매할 수 있는 장소로써 유명 산지에 화려하게 꾸며 놓은 곳이 많다.

Erzeugerabfullung(에어초이거압퓰렁) : 독일어. 생산자가 병입한 와인을 말한다.

Espumoso(에스푸모소) : 스페인어. 스페인의 스파클링 와인을 말한다.

Estate-bottled(에스테이트 보틀드) : 와인을 제조한 곳에서 병입했다는 뜻이다.

Ester(에스터) : 에스테르. 와인의 향을 형성하는 주성분이다.

Estufa(에스투파) : 포르투갈어. 스페인어로 '난로'를 뜻하지만, 와인과 관련해서는 마데이라를 가열하는 곳을 뜻한다.

F

Fas(파스) : 독일어. 독일어로 나무통을 말한다.

Fermentation(퍼멘테이션) : '발효'를 뜻한다.

Fiasco(피에스코) : 이탈리아어. 와인에서 짚으로 둘러싼 키안티 와인 병을 말한다.

Filtration(필트레이션) : 와인에서 여과 과정을 말한다.

Fining(파이닝) : 와인이나 주스에 첨가제 등을 넣어서 맑게 하는 것을 말한다.

Fructose(프럭토스) : 과실의 당분을 형성하고 있는 당분의 일종이다.

G

Gallo Nero(갈로 네로) : 이탈리아어. 검은 수탉으로 키안티 클라시코에 붙는 마크를 말한다.

Glucose(글루코스) : 포도당. 포도의 당분을 형성하고 있는 당분의 일종이다.

Glycerol(글리세롤), **Glcerine**(글리세린) : 와인의 중요한 성분이다.

Goût(구) : 프랑스어. 맛을 인식하는 감각을 말한다.

Grafting(그래프팅) : 와인 용어로 '접목'의 뜻이다.

H

Head space(헤드 스페이스) : 나무통이나 병에 술을 채우고 남는 공간을 말한다.
Heat Summation(히트 서메이션) : 적산온도를 말하며 'Degree-Days'와 같은 뜻이다.
Hock(호크) : 독일의 라인 와인을 영어를 사용하는 나라에서 지칭하는 말이다.
Hogshead(혹스헤드) : 큰 나무통으로 용량은 여러 가지가 있다.

I

Imbottigliato(임보틸랴토) : 이탈리아어. '병입'을 의미한다.

K

Keller(켈러) : 독일어. 와인 저장실을 의미한다.
Kosher Wine(코셔 와인) : 엄격한 유대 율법에 따라 랍비의 관리 하에 만들어진 유대 와인으로 동물성 첨가제를 넣을 수 없다. 여러 가지가 있지만 스위트 레드와인이 많다.

L

Lactic acid(랙틱 에시드) : 젖산으로 포도 내에 있는 유기산의 일종이다.
Lagar(라가) : 스페인어, 포르투갈어. 포도를 발로 밟아서 으깰 때 쓰이는 돌로 만든 용기를 말한다.
Lees(리즈) : 와인 발효 시 생성되는 찌꺼기를 말한다.
Leg(레그) : 글라스에서 와인을 흔들었을 때 글라스 내부에 눈물같이 흘러내리는 현상으로 알코올 농도가 높을수록 많이 형성된다.

M

Maderization(마데라이제이션) : 화이트 와인이 보관상 문제로 갈변되는 현상으로 마데이라의 갈색 와인에서 유래된 용어이다.
Malic acid(맬릭 에시드) : 사과산으로 포도 내에 있는 유기산의 일종이다.
Marc(마르) : 프랑스어. 포도 등을 압착하여 주스나 와인을 얻어내고 남은 찌꺼기이다.
May wine(메이 와인) : 독일에서 유래된 허브를 첨가한 달콤하고 신선한 화이트 와인으로 차게 해서 와인에 딸기를 띄워서 마신다.
Microfilter(마이크로필터) : 정밀여과기로 일반 세균까지 여과되므로 무균여과라고 한다.
Mildew(밀드유) : 포도의 노균병을 말한다.
Millesime(밀레짐므) : 프랑스어. '수확연도'를 말한다.

Mistella(미스텔라) : 포트, 셰리 와인 등에서 사용하는 용어로 알코올을 넣어서 발효를 중지시킨 포도즙을 말한다.

Mistelle(미스텔르) : 프랑스어. 알코올을 넣어서 발효를 중지시킨 포도즙을 말한다.

Moelleux(므왈레) : 프랑스어. 온화하고 부드러운 와인을 가리킨다.

Mosto(모스토) : 이탈리아, 스페인, 포르투갈어. 발효시키기 전 청포도 주스나 으깬 적포도를 말한다.

Mout(무) : 프랑스어. 발효시키기 전 청포도 주스나 으깬 적포도를 말한다.

Mulled wine(멀드 와인) : 레드 와인에 설탕, 레몬 껍질, 향신료 등을 넣어 가열시킨 것이다.

Must(머스트) : 발효시키기 전 청포도 주스나 으깬 적포도, 알코올 발효가 일어나기 전의 상태를 총칭하여 'Must'라고 한다.

Muter(뮈떼) : 프랑스어. 발효시키지 않은 포도주스로 살균하여 낮은 온도에 보관해두고 블렌딩 용도로 사용한다.

N

Natural wine(내추럴 와인) : 강화 와인에 반대되는 개념으로 발효시켜서 그대로 만든 와인이다.

Negociant(네고시앙) : 프랑스어. 와인상인으로 와인을 구입하여 숙성, 블렌딩한 후 병입하여 판매한다.

Negus(니거스) : 영국 음료로 포트 와인에 레몬, 설탕, 향신료, 더운물 등을 넣어 따뜻하게 마시는 음료이다.

O

Oenologiste(외놀로지스트) : = 프랑스어. 불어로 와인을 제조 연구하는 사람을 말한다.

Oenothque(외노떼끄) : 프랑스어. 와인을 모아서 진열해 놓은 곳을 말한다.

Oidium(오이듐) : 포도나무의 녹색 잎을 공격하는 균이다.

Oxalic acid(옥살릭 에시드) : 수산으로 유기산의 일종이다.

Oxidation(옥시데이션) : 산화. 와인의 경우는 공기와 많은 접촉하면 변질되지만, 나무통에서는 서서히 산화되면서 숙성된다.

P

Pasteurization(파스퇴라이제이션) : 저온살균으로 파스퇴르가 고안한 살균 방법이다.

Piece(삐에스) : 프랑스어. 228ℓ 용량의 나무통으로 부르고뉴 지방에서 사용되는 용어이다.

Pipe(파이프) : 552.5ℓ의 큰 오크통으로 포르투갈에서 사용하는 와인 용어이다.

Plastering(플라스터링) : 산도가 낮은 머스트에 석고(황산칼슘) 등을 넣어 산도를 높이는 일을 말한다.

Pomace(퍼미스) : 포도 등을 압착하여 주스나 와인을 얻어내고 남은 찌꺼기이다.

Porto(포르토) : 미국에서 포르투갈의 포트 와인을 캘리포니아 것과 구별하기 위해서 미국으로 수출되는 모든 포르투갈 포트에 붙이는 이름이다.

Punt(펀트) : 와인 병 바닥의 움푹 들어 간 부분을 말한다.

Pupitre(쀼삐트르) : 샴페인 제조 시 2차 발효가 끝난 뒤 병을 거꾸로 세워서 걸어놓을 수 있게 만든 선반이다.

R

Racking(랙킹) : 과즙이나 와인을 정치시켜 찌꺼기를 가라앉힌 다음 맑은 윗부분만 따라내는 작업이다.
Rancio(랑시오) : 산화 혹은 갈변시킨 와인으로 색깔이 진하고 알코올 함량이 높은 스페인의 카탈로니아 지방의 와인을 말한다.
Recolte(레꼴뜨) : 프랑스어. '포도의 수확'을 뜻한다.
Romer(뢰머) : 독일의 전통적인 와인글라스로 손잡이가 길고 녹색이다.
Rootstock(루트스톡) : 접붙이기에 쓰이는 대목을 말한다.
Rouge(루즈) : 프랑스어. '붉은'의 뜻이다.

S

Sangria(상그리아) : 레드 와인에 레몬, 오렌지, 설탕, 소다수 등을 넣어서 여름에 마시는 음료이다.
Sec(섹) : 프랑스어. 단맛이 없고 건조한 와인을 뜻한다.
Secco(세코) : 이탈리아어. 드라이한 와인을 뜻한다.
Seco(세꼬) : 스페인어. 드라이한 와인을 뜻한다.
Sediment(세더먼트) : 와인의 침전물을 말한다.
Still wine(스틸 와인) : 발포성 와인에 반대되는 개념으로 발포성이 없는 보통 와인을 말한다.
Stuck wine(스턱 와인) : 발효 도중에 온도 상승 등으로 발효가 멈춘 와인을 말한다.
Surlie(쉬르리) : 프랑스어. 발효탱크에서 바로 주병되는 와인에 쓰이는 용어로 즉, 발효가 끝나고 가라앉은 찌꺼기 위에서 숙성시킨 와인으로 이들은 특수한 향을 얻게 된다.

T

Table wine(테이블 와인) : 식탁용 와인 혹은 고급 와인이 아닌 값싼 와인을 가르키는 말로도 사용된다.
Tartrate(타르트레이트) : 타타르산염으로 포도주에서 소비자의 기호를 떨어뜨릴 수 있다.
Tartaric acid(타르타릭 에시드) : 주석산으로 포도에 자연적을 들어있는 중요한 산이다.
Tear(티어) : 와인 용어로 글라스에서 와인을 흔들었을 때 글라스 내부에 눈물같이 흘러내리는 현상을 말한다.
Tinto(띤또) : 스페인어. '붉은'의 뜻이다.
Topping(토핑) : 나무통에서 숙성 중인 와인은 그 양이 조금씩 감소하기 때문에 정기적으로 빈 공간에 동일한 와인으로 가득 채워주는 작업을 해야 한다.
Traube(트라우버) : 독일어. '포도'를 뜻한다.

Treading(트리딩) : 스페인이나 포르투갈에서 포도를 밟아서 으깨는 작업을 말한다.

Trie(트리) : 프랑스어. '선별, 선택'의 뜻으로 잘 익은 포도만 골라서 수확하는 일이다. 보트리티스 곰팡이가 낀 포도의 수확은 이렇게 한다.

U

Ullage(얼리쥐) : 와인 용어로 병 속의 와인과 코르크 사이의 빈 공간을 가리킨다. 음료 용어로 'Head Space'라고 부른다.

V

Variety(버라이어티) : 와인의 품종을 말한다.

Vat(배트) : 와이너리에서 따로 보관해야 할 와인을 말하는 것으로 보통 와이너리에서 생산하는 최고 품질의 와인을 말할 때 사용된다.

Vecchio(베키오) : 이탈리아어. 규정된 숙성을 거친 고급 와인에 대한 특정 표시를 말한다.

Vendange(방당주) : 프랑스의 '포도수확연도'이다.

Vendimia(벤디미아) : 스페인의 '포도수확연도'이다.

Veraison(브레종) : 프랑스어. 포도가 익어서 알맹이의 색깔이 변하는 것을 말한다.

Vieux(비유) : 프랑스어. '오래된, 옛날의'의 뜻이다.

Vigne(빈뉴) : 프랑스어. 포도나무를 말한다.

Vigneron(비네롱) : 프랑스어. 포도를 재배하고 와인을 제조하는 사람을 말한다.

Vignoble(비뇨블) : 프랑스어. 포도밭을 말한다.

Vin(뱅) : 프랑스어. 불어로 '와인'이라는 뜻이다.

Vin Blanc(뱅 블랑) : 프랑스어. 불어로 화이트 와인을 의미한다.

Vin de garde(뱅 드 가르드) : 프랑스어. 오래될수록 좋아지는 와인을 가리킨다.

Vin de goutte(뱅 드 구뜨) : 프랑스어. 자연적으로 유출된 Must로 만든 와인을 가리킨다.

Vin de press(뱅 드 프레스) : 프랑스어. 압착하여 나온 Must로 만든 와인을 가리킨다.

Vine(바인) : 포도나무를 말한다.

Vineyard(빈야드) : 포도밭을 말한다.

Vin gris(뱅 그리) : 적포도를 살짝 압착시켜서 나온 주스로 만든 약한 핑크빛 와인이다.

Vinho(비뉴) : 포르투갈어. 포르투갈의 와인을 말한다.

Viniculture(비니컬처) : 포도 재배하는 과정과 방법을 말한다.

Vinification(비니피케이션) : '와인 양조'를 뜻하는 말이다.

Vintage(빈티지) : 와인을 제조하기 위해 포도를 생산한 연도를 말한다.

Vino(비노) : 이탈리아, 스페인어. 와인을 의미한다.

Viticulture(비티컬처) : 포도 재배하는 과정과 방법을 말하며 Viniculture와 동일한 의미이다.

Viticulteur(비티낄뜨르) : 프랑스어. 포도 재배자를 말한다.

W

Wein(바인) : 독일어. 독일에서 와인을 의미한다.

Weinberg(바인베어그) : 독일어. 포도밭을 의미한다.

Wild yeast(와일드 이스트) : 포도껍질에 묻어 있거나 흙, 공기 중에 분포되어 있는 야생효모를 말한다.

Wine maker(와인 메이커) : 와인을 제조하는 사람을 말한다.

Winery(와이너리) : 와인을 제조하는 곳을 말한다.

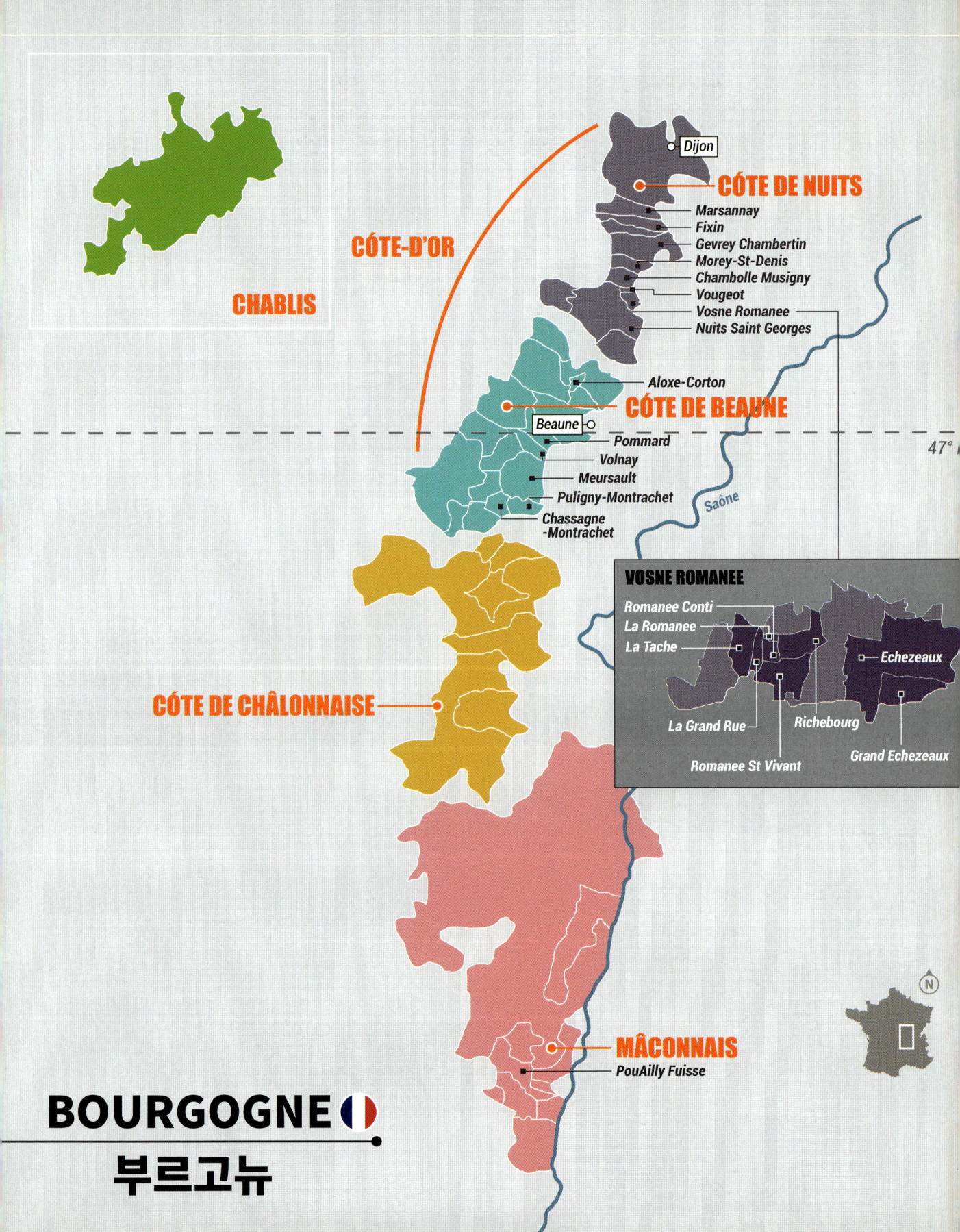

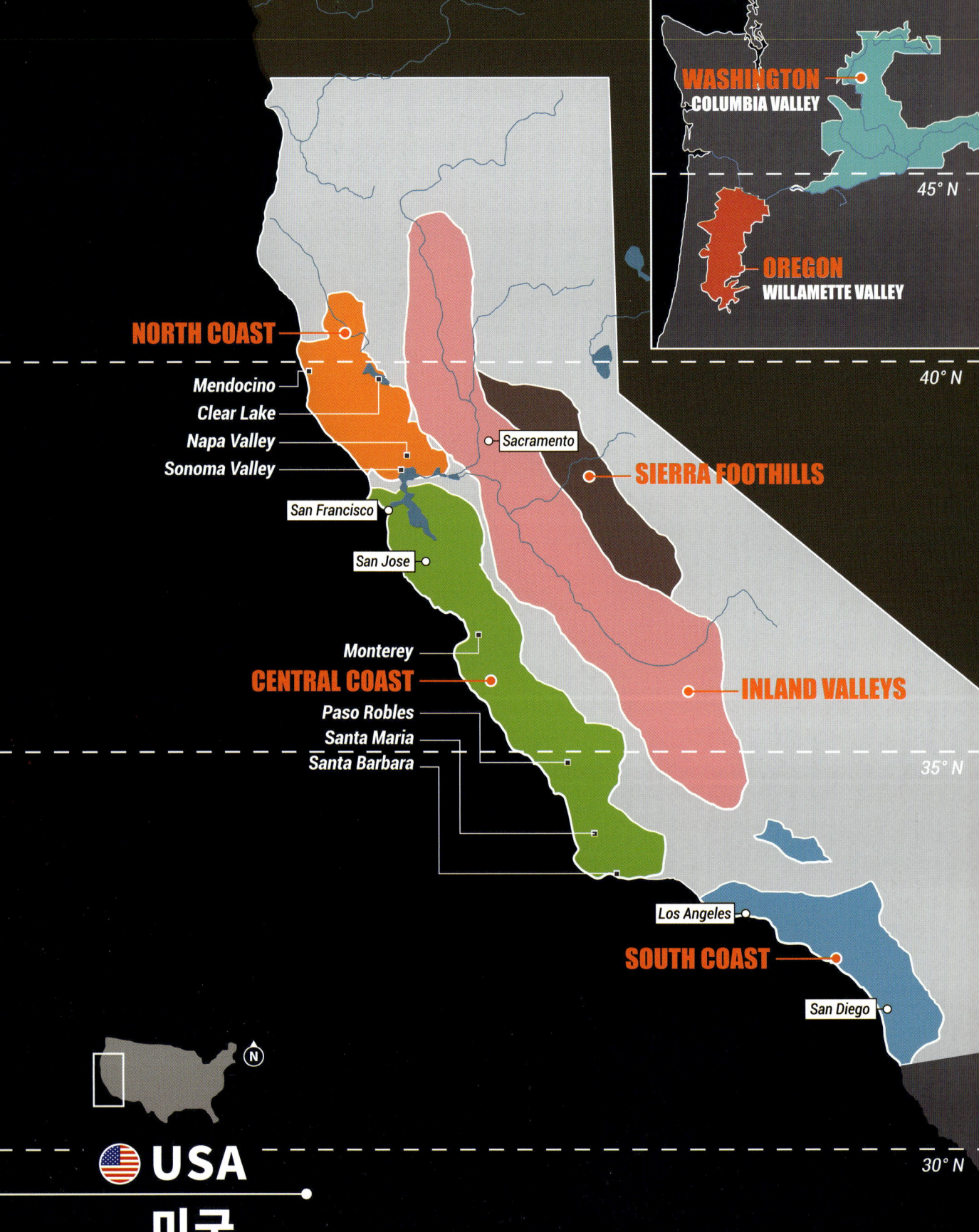

SCENTONE
센톤 아로마 키트

"수년간의 기기분석"
"최고 전문가 관능평가"

쉽게 배우는 와인 입문서
소믈리에 & 어드바이저를 위한 와인 테이스팅

초 판 발 행 일	2022년 07월 15일
발 행 인	박영일
책 임 편 집	이해욱
저 자	센톤 교재편찬위원회
편 집 진 행	이소영
표 지 디 자 인	박수영
편 집 디 자 인	신해니
발 행 처	시대인
공 급 처	(주)시대고시기획
출 판 등 록	제 10-1521호
주 소	서울시 마포구 큰우물로 75 [도화동 538 성지 B/D] 6F
전 화	1600-3600
팩 스	02-701-8823
홈 페 이 지	www.sdedu.co.kr
I S B N	979-11-383-1450-3[13590]
정 가	25,000원

※이 책은 저작권법에 의해 보호를 받는 저작물이므로, 동영상 제작 및 무단전재와 복제, 상업적 이용을 금합니다.
※이 책의 전부 또는 일부 내용을 이용하려면 반드시 저작권자와 (주)시대고시기획 · 시대인의 동의를 받아야 합니다.
※잘못된 책은 구입하신 서점에서 바꾸어 드립니다.

시대인은 종합교육그룹 (주)시대고시기획 · 시대교육의 단행본 브랜드입니다.